BIBLIOTHÈQUE
CHRÉTIENNE ET MORALE

APPROUVÉE

PAR Mgr L'EVÊQUE DE LIMOGES.

3e SÉRIE.

Tout exemplaire qui ne sera pas revêtu de notre griffe sera réputé contrefait et poursuivi conformément aux lois.

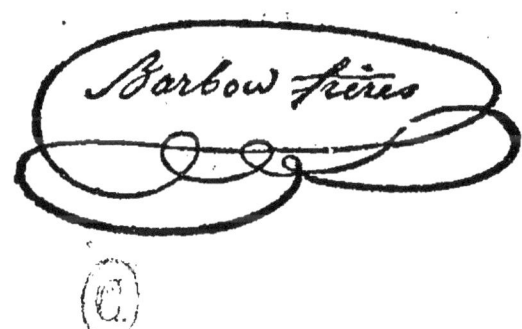

LE
PREMIER ROI DE JÉRUSALEM.

LE
PREMIER ROI
DE JÉRUSALEM.

PAR M. DELAVILLE.

LIMOGES,
BARBOU FRÈRES, IMPRIMEURS-LIBRAIRES.

Dieu se sert souvent des moyens en apparence les plus insignifiants pour exécuter de grandes choses; c'est ce qui arriva au sujet de ces guerres connues sous le nom de Croisades. Parmi les chrétiens qui, sur la fin du xie siècle, allèrent visiter la ville de Jérusalem, et le tombeau de Jésus-Christ, il s'en trouvait un, français d'origine, nommé *Pierre l'Ermite*. Il était né en Picardie; quelques historiens disent même qu'il avait porté les armes pendant sa jeunesse, qu'il avait été marié et père de plusieurs enfants; mais, dégoûté du monde et ne trouvant point au sein de sa famille le bonheur qu'il cherchait, il rompt tout à coup les liens qui l'attachaient à la terre, foule aux pieds les espérances qui caressaient son imagination ardente; renonce à toutes les choses visibles pour acquérir d'autres biens que ni l'ambition, ni la jalousie, ni les caprices des hommes ne sauraient lui ravir. Porté sur les ailes de la foi, dédaignant ce vain étalage que les mortels appellent grandeur, pompes, richesse, naissance illustre, il secoue la poussière des villes, et, revêtu d'une bure grossière, s'enfonce dans la solitude, ne voulant plus avoir d'autre témoin de ses austérités, de ses soupirs, de ses oraisons, que le Maître suprême de nos destinées.

On dit que sa taille n'était point avantageuse, et que les traits de sa figure étaient hideux; mais, lorsqu'il élevait au ciel un regard suppliant, ses yeux ressemblaient à une flamme, ses traits offraient un mélange de douce sérénité et d'âpre sévérité; sa sensibilité était extrême, et son imagination s'élançait avec transport vers tout ce qui est nouveau et extraordinaire, comme vers son élément favori.

La barrière qu'il venait d'élever entre la terre et lui ne lui permettant plus de reporter son affection sur des objets périssables, il dut concentrer ses désirs en Dieu et ne plus vivre que pour le ciel. Pour dompter la fougue de ses passions, il s'imposa de rudes privations, coucha sur des joncs cueillis au bord de la rivière, se nourrit de fruits sauvages, étancha sa soif à la source voisine, et renouvela les mortifications et la vie austère des anciens solitaires de la Thébaïde.

Mais cette rude pénitence n'a pas encore calmé toute

l'effervescence de son âme : une vague inquiétude le dévore ; cette grotte, qu'il a regardée comme le terme de ses vœux terrestres, ne lui suffit plus; elle a perdu son charme, son prestige ; il ignore lui-même ce qui l'agite ; il ne peut définir ce qui le tourmente. Il cherche un remède à l'anxiété de son esprit ; il abandonne sa grotte, se joint à des pèlerins, et entreprend le voyage de Jérusalem.

A la vue du despotisme brutal qui pèse sur cette ville, ses entrailles sont émues. Il ne peut contempler sans frémir la place du Temple occupée par une mosquée, et des écuries joignant l'église du Saint-Sépulcre. Il consulte l'homme chez lequel il loge, et qui était chrétien : non seulement il apprend la misère présente des fidèles catholiques, mais encore ce qu'ont souffert leurs ancêtres depuis des siècles. Les Sarrasins avaient, en effet, défendu aux chrétiens de se couvrir la tête, de se servir de chevaux, les avaient exclus des charges publiques et les avaient forcés à porter autour des reins une ceinture de cuir, pour qu'on les distinguât des sectateurs de Mahomet. Pierre fait un assez long séjour à Jérusalem : il visite, examine tout, et acquiert la triste conviction de l'état des choses. Une sainte indignation s'empare de lui. « Barbares, s'écrie t-il, vous pouvez facilement opprimer des chrétiens faibles et désarmés ; mais ceux-ci ont des frères qui pourront les venger et vous châtier de votre insolence! »

Ayant appris que le patriarche Siméon était un homme très-vertueux et craignant Dieu, il alla le voir et s'entretint longtemps avec lui. Le patriarche, de son côté, reconnaissant que ce pèlerin était un chrétien fervent, sensé et prudent, s'ouvrit à lui. Bientôt leurs larmes se confondirent. Pierre s'informa s'il n'y avait pas de remèdes à tant de maux.

« Nos péchés, lui répondit Siméon, empêchent que Dieu n'exauce nos prières ; ils ne sont pas encore assez punis ; mais nous aurions quelque espérance si votre peuple, qui sert Dieu sincèrement, et dont les forces sont encore intactes et formidables, voulait venir à notre secours, ou du moins prier Jésus-Christ pour nous : car nous n'attendons plus rien des Grecs, quoiqu'ils soient plus rapprochés de nous, et nous soient unis par les liens du sang et qu'ils possèdent de plus grandes richesses. A peine peuvent-ils se défendre eux-mêmes ; leur puissance est tombée au point que, depuis quelques années, ils ont perdu plus de la moitié de leur empire, autrefois si vaste. » Pierre lui répondit :

« Sachez, saint Père, que si l'Église romaine et les princes d'Occident étaient instruits de tout ce que vous souffrez par une personne digne de foi, ils essaieraient au plus tôt d'y porter remède. Ecrivez donc au pape et aux monarques des lettres détaillées et scellées de votre sceau ; je m'offre d'en être le porteur et d'aller partout, avec l'aide de Dieu, solliciter des secours. »

Ces paroles ravirent le patriarche ainsi que les chrétiens de la ville : ils témoignèrent leur vive reconnaissance à l'ermite et lui remirent les lettres en question.

Chaque jour, après s'être prosterné devant le Saint-Sépulcre, Pierre va errer sur la montagne de Sion, quelquefois il s'asseoit sur un bloc de granit, et son regard se promène sur la ville sainte, sur le Cédron, sur le Calvaire. Son cœur bat avec force, son imagination s'enflamme, son esprit franchit la mer ; il lui semble qu'il frappe aux portes du Vatican, aux palais des monarques, aux châteaux crénelés des preux chevaliers ; il rêve la conquête de la Palestine par les princes d'Occident ; il se voit lui-même à la tête d'une immense multitude de fidèles, qui se précipitent comme un torrent sur les lieux sanctifiés par la présence du Fils de Dieu, et son âme se livre à la joie, et son cœur palpite d'espérance. La raison lui dit que le projet qu'il médite là n'est qu'une chimère, qu'un rêve enfanté par son brûlant désir de secourir des malheureux ; mais l'enthousiasme le soutient.

La veille de son départ, Pierre se rend à l'église du Saint-Sépulcre pour y passer la nuit ; il s'y endort, et il lui semble voir en songe Jésus-Christ lui disant : « Lève-toi, Pierre, et hâte-toi d'exécuter ta mission, sans rien craindre, car je serai avec toi. Il est temps que les lieux saints soient purifiés et mes serviteurs secourus ! »

Encouragé par ce songe, l'ermite prend congé du patriarche, s'embarque, arrive à Barri, dans la Pouille, se rend à Rome et demande une audience au Père commun des fidèles.

Le Saint-Siége était alors occupé par Urbain II, appelé auparavant Odon ou Eudes, religieux de la célèbre abbaye de Cluny et natif de Châtillon-sur-Marne. Il avait succédé au pape Victor III, le 12 mars 1088, et s'était conduit avec beaucoup de prudence pendant le schisme de l'antipape Guilbert.

L'ermite fut très-bien reçu par son compatriote, lui remit les lettres du patriarche de Jérusalem et des chrétiens de la Palestine. Le pape les lut avec attention, lui promit de peser mûrement cette affaire et de s'en occuper dès que l'occasion s'en présenterait. Pierre sent alors son ardeur redoubler ; il prend une croix, parcourt toute l'Italie, passe les Alpes et prêche partout la conquête de la Terre-Sainte. Il visite successivement la plupart des cours de l'Europe, sert comme de précurseur au pape ; partout il sollicite avec tant d'instance que les fidèles sont émus. Son âpre éloquence abonde en images frappantes, en peintures vives et animées dans ces deux mots : *Religion et Charité*. Peu sensible aux applaudissements de la multitude, au émotions populaires, il ne cherche, lui, qu'à faire couler des larmes sur le sort des frères infortunés de la Palestine, bien persuadé qu'après avoir touché les cœurs, il subjuguera les esprits et fera triompher la cause dont il s'est constitué le défenseur. Et le résultat des prédications de ce nouvel apôtre fut tel, que partout on se disposa, même avant que l'église eût parlé, à seconder ses nobles intentions.

En entendant raconter les profanations des saints lieux, les peuples tournaient leurs regards vers l'Orient comme pour chercher le chemin de Jérusalem ; cette expédition leur paraissait une voie de salut. Alors Pierre, secondant ce mouvement spontané, se frappe la poitrine, demandant pardon au ciel de la négligence des fidèles à délivrer un pays qui a été témoin de l'œuvre de la rédemption ; d'abondantes larmes sillonnent ses joues pâles, exténuées par le jeûne, et de sa poitrine haletante s'échappent des soupirs enflammés. Chaque parole de l'homme de Dieu est un trait qui va droit au cœur ; on ne peut se lasser de l'entendre, on suit ses pas, on couvre de baisers ses vêtements, on le regarde comme un ange descendu du ciel, on le bénit comme un prophète, on le porte aux nues.

Cependant le chef de l'Eglise a appris les succès étonnants de l'ermite français. Ce noble élan des esprits lui paraît être d'un heureux présage pour l'expédition qu'il médite. Il veut à son tour essayer ses forces dans cette grande lutte qui se prépare. Il sait que le nom de *Palestine* exerce un pouvoir magique sur les âmes, et ce nom, dans la bouche du successeur de saint Pierre, devait avoir quelque chose de plus imposant encore, puisqu'il s'agissait d'arracher aux blasphémateurs du Christ la terre arrosée de ses sueurs et de son sang. Il convoqua pour le 1er mars 1095, un concile à Plaisance, en Lombardie. Deux cents évêques, avec près de quatre mille clercs et plus de trois cent mille laïques arrivent dans cette ville. L'assemblée se tient en pleine campagne. L'impératrice Adélaïde s'y plaint de son époux l'empereur Henri, et l'accuse publiquement des infamies qu'il lui avait fait souffrir. Ensuite les ambassadeurs d'Alexis Comnène, empereur grec, se présentent, demandant au nom de ce prince des secours contre les Sarrasins dont l'esprit envahissant menaçait toutes les provinces de l'empire d'Orient en Asie, ce qui aurait aussi entraîné la perte de la Religion de Jésus-Christ. Ces ambassadeurs étaient arrivés fort à propos pour appuyer le discours d'Urbain II en faveur de leur demande. Mais, malgré ce premier enthousiame qui s'empara des esprits ; malgré la promesse de se ranger sous la bannière de la croix, le concile de Plaisance n'obtint point les résultats qu'on avait attendus; les différents peuples éludèrent par des prétextes plus ou moins fondés ce que quelques-uns regardaient comme une obligation de partir pour la Terre-Sainte. Il était réservé à la France, à ce noble pays, où l'esprit chevaleresque était alors dans toute sa vigueur, de donner à l'Occident l'exemple de cette ardeur guerrière qui ébranla les nations et les remua d'un bout de l'Europe à l'autre.

Quiconque connaît l'influence que la religion exerçait alors sur les âmes, ne sera point surpris de voir nos ancêtres à la tête de ce mouvement, former l'avant-garde de ces phalanges qui combattirent les musulmans, et n'abandonner ce poste que quand l'Europe cessa ces guerres saintes. On compte huit croisades : la première eut lieu en 1095, et la dernière se termina en 1270, par la mort de saint Louis. Ainsi la France peut se vanter d'avoir été la première et la dernière des puissances qui ait soutenu cette cause.

Urbain II agit donc en homme supérieur, lorsque, pour réussir dans cette grave entreprise, il s'adressa de préférence aux Français. Il partit donc pour la France et convoqua un concile à Clermont, en Auvergne. Cette assemblée se réunit, le 18 novembre 1095. Il s'y trouva treize archevêques, deux cent cinq prélats, pour la plupart français, tant évêques qu'abbés mitrés et crossés ; quelques auteurs en comptent même quatre cents, et plus de trente mille personnes laïques. On y confirma d'abord tous les décrets des conciles que le pape avait tenus à Melfe, à Bénévent, à Troie et à Plaisance, ainsi que la trêve de Dieu. Après plusieur autres mesures de discipline, Urbain traita enfin de la croisade.

Le lendemain, le pape assembla les évêques et les consulta sur le choix d'un chef pour conduire les pèlerins, parce qu'il n'y avait encore entre eux aucun seigneur distingué. Ils choisirent tous d'une voix Adhémar, évêque du Puy. Il accepta la commission, et le pape lui donna ses pouvoirs en qualité de légat. Quelque temps après vinrent les députés de Raimond, comte de Toulouse, connu aussi sous les noms de Saint-Gilles et de Provence, qui rapportèrent au pape qu'un seigneur avait pris la croix, et qu'il ferait le voyage avec plusieurs de ses chevaliers. Ainsi la croisade eut deux chefs, un ecclésiastique et un séculier.

Cependant une immense multitude de seigneurs prirent la croix, en décorèrent leurs vêtements, jurèrent de venger la cause de Jésus-Christ, d'oublier leurs querelles particulières et de respecter les décisions du concile. Cette croix était de soie ou de drap rouge un peu relevée en bosse ; on la cousait sur l'épaule droite du manteau et de l'habit ; quelques-uns la portaient aussi sur le front de leur casque. Le pape et les évêques la bénissaient, et au retour de la croisade, on la détachait pour la porter suspendue au cou ou attachée sur le dos.

Le bruit de cette expédition se répandit bientôt partout, non-seulement par ceux qui voulaient y prendre part, mais par le pape lui-même. Après avoir terminé le concile de Clermont, Urbain se rendit à Saint-Flour, qui était un prieuré de Cluni et dont il consacra l'Eglise. De là il alla à Aurillac, puis à Uzerche, et arriva enfin à Limoges, où il passa la fête de Noel. Il dit la première messe à l'église des religieuses de Notre-Dame de la Règle, celle du point du jour à Saint-Martial, et après avoir prêché, il retourna à la cathédrale où il fit l'office solennel. Le lendemain de la fête des innocents, il consacra aussi la cathédrale : il était accompagné des archevêques de Lyon, de Bourges, de Bordeaux, de Pise et de Reggio, ainsi que de plusieurs evêques. De là il alla célébrer la fête de saint Hilaire à Poitiers, se rendit ensuite à Angers, prêchant partout la croisade et fixant le jour du départ à l'Assomption de la sainte Vierge de la même année 1096.

Au commencement de mars, le pape alla à Tours et logea à la célèbre abbaye de Marmoutier. Le Dimanche, 9e du mois, il prêcha sur les bords de la Loire en présence de Foulques, comte d'Anjou, et d'une infinité de peuple, exhortant tout le monde à prendre la croix. Rouen, Nîmes, et une foule d'autres villes l'entendirent tour à tour stimuler l'ardeur des fidèles à voler à la conquête de la Terre-Sainte, et il fut écouté partout avec le même enthousiasme. Les évêques secondèrent ses efforts et prêchèrent de même la croisade. Les simples prêtres bénirent aussi des croix et les remirent aux fidèles avec une espèce de cérémonie.

Mais cet ébranlement gagna bientôt les autres peuples de l'Europe. L'Angleterre, à peine remise des troubles de la conquête de Guillaume, duc de Normandie, ne tarda pas à entrer dans la ligue sainte; l'Allemagne et l'Italie imitèrent son exemple, et l'Espagne, qui était elle-même en guerre avec les Sarrasins, maîtres d'une partie de la Péninsule, crut devoir s'associer à ce mouvement général. Le concile de Clermont avait proclamé la paix générale de l'Europe et défendu les querelles particulières que pouvaient dès-lors y faire les comtes et les barons, toujours prêts à courir aux armes ! Plutôt que de languir dans une oisiveté qui leur parut honteuse et indigne d'eux, ils préférèrent prendre la croix, d'après ces paroles de l'Evangile : « Celui qui ne porte pas sa croix et ne me suit, n'est pas digne de moi. »

Comme l'Eglise avait encore maintenu l'usage des pénitences publiques, une foule de gentilshommes, honteux de s'avouer coupables de leurs fautes, trouvèrent l'occasion de prendre la croix trop bonne pour ne point la saisir avec avidité, et se libérer de leurs pénitences en allant combattre les infidèles, acquérir de la gloire et s'enrichir. Le clergé donna l'exemple de la soumission à la volonté du pape; plusieurs évêques et une multitude de prêtres se croisèrent et suivirent leur troupeau en Orient. Il y en eut même beaucoup qui renoncèrent à des bénéfices considérables pour voler à la délivrance de leurs frères. Les religieux quittèrent leurs monastères, les ermites leurs solitudes, et allèrent demander la croix comme une faveur, espérant couronner dignement par là la longue pénitence qu'ils s'étaient imposée. Mais ce qui est beaucoup plus surprenant, on vit des voleurs de grands chemins, des brigands qui avaient fait trembler des contrées entières par leurs crimes, sortir des antres où ils se tenaient cachés, avouer publiquement leurs nombreux forfaits, prendre la croix pour expier leurs fautes dans la guerre sainte. La même ardeur se communiqua aux marchands, aux artisans des villes, aux laboureurs dans les campagnes; tous voulurent prendre part aux périls de la conquête, vendirent ou affermèrent leurs biens pour couvrir les frais de l'entreprise.

Comme le jour du départ était fixé au 15 août, on fit partout des préparatifs immenses, et ce soin absorba tellement toutes les autres affaires, qu'il ne fut plus question que du voyage de la Terre-Sainte. Cette guerre de l'Orient obtint d'abord un résultat inconcevable, car le calme le plus parfait succéda tout-à-coup au tumulte des querelles particulières; on n'entendit plus parler de rapines, de vols, d'attaques, de duels; l'Europe goûta pendant quelques mois les doux loisirs d'une paix qui contrastait singulièrement avec l'agitation passée; les croisés s'adressaient des lettres pour s'exhorter mutuellement à la persévérance, au courage : on trouva même l'espace de temps jusqu'au départ trop long, parce que chacun désirait être le premier pour recevoir de plus amples bénédictions du ciel.

Lorsque le soleil du printemps vint ranimer la nature, on vit partout l'impatience des fidèles à entreprendre le voyage. La multitude se mit en marche, le peuple allait à pied pour se rendre aux lieux du rendez-vous, les cavaliers, montés sur leurs hauts chevaux, la lance en arrêt, l'épée au poing, franchissaient l'espace avec une rapidité qui déposait de leur ardeur ; d'autres se faisaient traîner sur des chars attelés de bœufs ; d'autres descendaient les rivières et les fleuves dans des barques légères. La réunion de tant d'hommes, de femmes, d'enfants, de prêtres, de guerriers, ces mille costumes divers, ces armes brillantes, ces lances avec leurs flammes, leurs banderolles bariolées, ces massues de fer, ces épées longues, ces cuirasses étincelantes, ces casques surmontés de panaches ou de gueules de dragons, tout cela offrait un spectacle imposant, facile à concevoir et impossible à décrire. Tous les rangs, toutes les conditions étaient confondues, la richesse coudoyait la misère ; l'austérité de l'anachorète se trouvait lancée au milieu des joies profanes du siècle ; l'enfance insouciante à côté de la vieillesse grave ; le maître ne se distinguait plus de son serviteur, le noble comte ou le baron de son serf ; c'était comme le grand drame du jugement dernier ; les femmes mêmes paraissaient en armes. Mais ce qui donnait à cette réunion un aspect extraordinaire, c'était les contrastes qu'on apercevait. Ici un prêtre annonçait aux chrétiens la parole du salut et les exhortait à la piété pour fléchir le Seigneur et attirer ses bénédictions sur l'entreprise ; là le capitaine faisait faire à ses soldats des évolutions militaires, les rompait à la discipline ; les fanfares de la trompette se mêlaient au chant des psaumes ; des autels dressés en plein air étaient entourés de pieux fidèles ; des tentes élevées retentissaient des chansons profanes. La foule grossissait à chaque instant, car l'Europe entière semblait s'être ébranlée pour accourir sous la bannière de la croix ; le cri de *Dieu le veut !* était le mot du ralliement sublime et pénible à la fois. Vingt langues différentes rehaussaient encore ce spectacle extraordinaire ; ne pouvant se faire comprendre, les peuples qu'on regardait encore à cette époque comme barbares, levaient en l'air deux doigts l'un sur l'autre en forme de croix pour annoncer qu'eux aussi voulaient prendre part aux conquêtes des croisés. Souvent on voyait les habitants de villages entiers quitter leurs foyers pour répondre à ce qu'ils regardaient, dans leur simplicité, comme une obligation sévère. Les pauvres, eux aussi, se trouvaient dans le nombre des croisés, mais ils n'emportaient rien, comptant sur l'assistance de celui pour la gloire duquel ils allaient combattre et qui devait laisser pleuvoir sur eux une autre manne céleste. Quelques grands seigneurs voyageaient entourés du cortége de ce luxe qu'ils avaient étalé jusqu'alors et suivis de nombreux domestiques et d'une meute de chiens, comme s'il s'était agi d'aller à la chasse : ils ne pensaient déjà plus que cette croix qui brillait sur leurs habits leur rappelait l'humilité et l'abnégation, vertus si nécessaires à tout chrétien.

A l'aspect de cette multitude, que quelques historiens font monter à plus de dix millions, les princes furent en quelque sorte effrayés, ne sachant comment contenir ou nourrir une telle foule. Ils convinrent donc de se partager, de ne point prendre la même route, mais de se réunir tous à Constantinople. Comme cette foule n'avait point de chef, on pria Pierre l'Ermite de se mettre à sa tête, ce que celui-ci fit sans hésiter ; mais il reconnut bientôt qu'il lui était impossible de maintenir quelque ordre parmi des gens de mœurs et de caractères si différents, et forma deux colonnes, dont l'une devait marcher avec lui, et l'autre sous la direction d'un gentilhomme, qui était un de ses amis, et que les chroniques du temps appellent Gauthier sans Avoir, parce qu'il était pauvre mais très-courageux.

Enfin les deux corps s'ébranlent et marchent vers l'Orient. Ils n'avancent que lentement, non-seulement à cause du grand nombre de personnes faibles et délicates, mais aussi à cause de la difficulté de se procurer des vivres. Cette avant garde ne comptait que quelques cavaliers ; toute la foule marchait à pied, exposée aux fatigues qu'elle avait d'abord méprisées, mais qui la réduisirent plus tard. Le passage à travers la France et l'Allemagne se fit assez facilement, les fidèles les pourvurent des choses nécessaires à la vie ; mais arrivés en Hongrie, les croisés trouvèrent un peuple à peine converti à la foi chrétienne, et peu disposé à embrasser leur cause. Ce fut surtout en Bulgarie que l'armée de Gauthier fut terriblement châtiée. Les gens qui la composaient commirent sur leur passage des désordres que le chef n'eut point le pouvoir de réprimer.

La Bulgarie faisait partie de l'empire grec, mais ses habitants se moquaient des lois de leurs princes. Ces derniers étaient chrétiens, mais n'avaient pris du christianisme que le nom sans en connaître l'esprit. Ils vivaient à la manière des sauvages, dans des forêts inaccessibles et sur les rives du Danube, se nourrissant de la pêche. —

Lorsque les croisés traversèrent leurs pays, ils furent d'abord insultés mais ne se vengèrent point. Comme on ne leur donna point de vivres, ils en demandèrent au gouverneur de Belgrade, qui les refusa. Alors ils se répandirent dans les campagnes, et enlevèrent tout ce qui leur tomba sous la main, mirent le feu à quelques maisons et tuèrent même plusieurs habitants. Les Bulgares prirent les armes et firent un horrible carnage de ces malheureux. Gauthier précipita sa marche à travers les forêts, ayant cruellement à souffrir de la faim, et arriva enfin avec les débris de son armée sous les murs de Nyssa, où le gouverneur lui fournit des vivres et des vêtements. Reconnaissant que le traitement qu'ils venaient de subir était une punition de Dieu, ces guerriers arrivèrent enfin, après deux mois de fatigues, devant Constantinople, où ils reçurent de l'empereur Alexis la permission d'attendre l'arrivée de Pierre.

Celui-ci avait conduit son corps par la Bavière, l'Autriche, une partie de la Syrie et de la Hongrie. Il apprit les malheurs de son lieutenant Gauthier, en voyant suspendues à une des portes de Semlin, ville située au confluent du Danube et de la Save, les armes et les dépouilles de seize croisés. La vue de cet horrible trophée enflamme le courroux de l'ermite; aussitôt il donne l'ordre de l'attaque : au son de la trompette les croisés volent au combat ; mais les habitants, ne se sentant pas le courage de résister à cette multitude, sortent précipitamment de la ville et se réfugient sur une colline voisine où ils sont bientôt rejoints par les assaillants : quatre mille d'entre eux sont passés au fil de l'épée, le cadavres jetés dans le Danube.

Cependant les Hongrois, furieux de la défaite qu'avaient

subie les habitants de Semlin, courent aux armes et arrivent, sous la conduite de leur roi Coloman, pour venger les leurs. Les croisés qui avaient pillé Semlin, craignant d'être attaqués à leur tour par les cent mille combattants du monarque hongrois, quittent la ville, passent la Save et s'acheminent vers Belgrade. Mais les habitants de Bulgarie s'étaient enfuis, emportant avec eux les vivres et tout ce qui pouvait tenter la cupidité des croisés. Ceux-ci sont obligés de continuer leur marche, quoiqu'ils fussent dépourvus de tout, et arrivent enfin, harrassés de fatigue, à Nyssa, qui leur ferma ses portes. Le gouverneur leur distribua des vivres, mais, peu contents de ce service, ils se disputent avec quelques habitants, mettent le feu à quelques moulins, et sont attaqués par les Bulgares, qui massacrent une partie de leur arrière-garde, leur enlèvent 2,000 chariots chargés de bagages et une foule de prisonniers.

Lorsque Pierre fut instruit de ces malheurs, il retourna sur ses pas, et n'osant, avec une troupe si peu disciplinée, affronter les habitants de Nyssa, retranchés derrière leurs remparts, il a recours aux négociations et envoie des députés au gouverneur de la ville pour réclamer les prisonniers et les bagages ; mais cet officier est sourd à toutes les représentations, et reproche aux croisés leur inconduite ; il cite le massacre des habitants de Semlin, dont les cadavres ont été portés par le Danube jusqu'à Belgrade, et rejette enfin leurs prières et renvoie les députés.

Ce refus de rendre les prisonniers et les bagages exaspère au plus haut point les croisés. Pierre fait de vains efforts pour apaiser leur rage ; il prie, il pleure, il en appelle à Dieu auquel il abandonne le soin de venger son peuple ; mais tout est inutile. Deux mille de ses pèlerins tentent d'escalader les murs de la cité, mais ils sont repoussés. Le combat acharné s'anime de plus en plus ; Pierre essaie de rappeler ses soldats, sa voie est méconnue ; les croisés perdent dix mille des leurs : femmes, enfants, chevaux, bœufs, la caisse renfermant l'argent donné en aumônes par les fidèles, tout tombe entre les mains des vainqueurs.

Triste spectacle ! Pierre gagne une colline voisine, ayant à peine cinq cents hommes avec lui. Il passa la nuit dans de terribles angoisses, craignant à tout moment d'être attaqué de nouveau et d'essuyer une défaite totale ; et en effet si les Bulgares avaient su profiter de l'avantage qu'ils venaient de remporter, pas un seul croisé n'aurait échappé à cette catastrophe. Pierre fit allumer des feux nombreux pour marquer l'endroit où il s'était posté. Le lendemain, sept mille fuyards le rejoignirent, et quelques jours après il se revit encore à la tête de trente mille combattants, réduits sans doute à un état déplorable. Il s'avança avec eux vers la Thrace. Chose étonnante ! quoique ces hommes eussent à souffrir tant de privations, fussent sans cesse exposés à tant de revers, pas un seul n'exprima le désir de retourner dans sa patrie, tant était vive leur ardeur de voir la Palestine et d'adorer le fils de Dieu dans la sainte ville de Jérusalem.

Cependant les échecs qu'ils venaient d'essuyer les fit rentrer en eux-mêmes. Ils reconnurent leurs fautes, y virent une punition de Dieu, devinrent plus modestes et plus obeissants, et ces sentiments d'humilité les servirent par la suite mieux que leur orgueil ; car, comme on ne les craignait plus, on vola à leurs secours; leur profonde misère inspira la pitié aux peuples dont ils traversaient les pays.

Au moment où ils mirent pied sur le sol de la Thrace, l'empereur Alexis leur fit dire qu'ils eussent à s'abstenir des désordres qui avaient signalé leur passage sur d'autres terres, les assurant de sa protection s'ils se contenaient dans les bornes de la modération, et les menaçant de sa colère, au cas contraire. Pierre profita de cette injonction, et recommanda aux croisés ce qu'ils n'auraient jamais dû perdre de vue. Il partit donc et arriva sans obstacle devant Constantinople.

L'empereur était curieux de connaître et de voir l'homme qui avait remué tout l'occident par la puissance de sa parole, et lui accorda une audience solennelle. Pierre y parut avec une noble assurance et lui dépeignit avec vivacité tout ce qu'il avait fait et souffert pour la cause qu'il avait épousée; son zèle à arracher au despotisme des musulmans les chrétiens, ses frères; l'abnégation de lui-même que respirait chacune de ses paroles, sa piété, les larmes qui accompagnaient son récit, firent une profonde impression sur le monarque grec. Alexis ne put s'empêcher de louer l'ardeur de l'ermite, lui adressa une foule de questions, sonda ses dispositions guerrières, et ayant acquis la certitude qu'il n'avait rien à redouter d'un homme plus zélé que réfléchi et prudent, il lui fit de beaux présents, distribua des vivres et de l'argent au corps de son armée, et lui permit d'attendre dans les environs de sa capitale l'arrivée des autres Croisés pour partir ensuite avec eux.

Mais les autres Croisés ne s'étaient pas pressés à se

mettre en marche. Un prêtre de Palatinat, nommé *Gandescale Gottsclatk*, avait imité Pierre et prêché la Croisade dans les contrées rhénanes. Bientôt il parvint à réunir autour de lui vingt mille hommes disposés à passer en Palestine. Le peuple le regardait comme un homme inspiré, suivait ses pas comme ceux d'un apôtre et l'entourait de vénération. Il fut aussi élu pour être le général de cette troupe indisciplinée, et partit en effet avec elle. Ces hommes arrivèrent en Hongrie, à la fin de l'été, au moment où se faisaient les vendanges. Peu habitués aux vins de ce pays, ces gens burent bravement, ce qui occasiona plusieurs scènes tumultueuses.

Le roi de Hongrie, Colman, voulant mettre un terme à cet excès, rassembla des troupes et fondit sur les croisés. Ceux-ci se défendirent avec une rare bravoure et remportèrent d'abord quelques avantages. Désespérant de les réduire par la force des armes, le monarque eut recours à la ruse. Il donna ordre à son général d'entamer des négociations avec eux. Les officiers hongrois allèrent trouver les croisés, qu'ils engagèrent à déposer les armes, leur faisant mille promesses et leur donnant toutes les marques d'amitié jusqu'à ce qu'ils fussent parvenus à leur but. Les bons Allemands se laissèrent prendre au piége et crurent à la sincérité des protestants ; mais ils n'eurent pas plutôt déposé les armes que les Hongrois fondirent sur eux et en firent une horrible boucherie. En vain les infortunés eurent recours aux prières et aux larmes, ils ne purent trouver grâce aux yeux de leurs bourreaux féroces.

« Peu de temps après, dit Fleury, suivit une autre troupe de gens à pied au nombre d'environ deux cent mille, sans chefs et sans discipline, quoiqu'il y eût quelques nobles avec eux; mais ils ne leur obéissaient point et se donnaient toutes sortes de licences. Ils s'avisèrent de se jeter sur les Juifs qu'ils rencontraient dans toutes les villes où ils passaient et de massacrer cruellement ces malheureux qui n'étaient point sur leurs gardes ; ce qu'ils firent principalement à Cologne et à Mayence, où un comte, nommé *Emicon*, se joignit à eux, les encourageant à ces crimes. A Spire, les Juifs se réfugièrent dans le palais du roi et se défendirent par le secours de l'évêque Jean, qui fit ensuite mourir quelques chrétiens pour ce sujet. A Worms, les Juifs, poursuivis par les chrétiens, allèrent trouver l'évêque, qui leur promit de les sauver, à condition qu'ils recevraient le baptême. Ils demandèrent du temps pour délibérer, et aussitôt entrant dans la chambre de l'évêque, tandis que les chrétiens attendaient dehors leur réponse, ils se tuèrent eux-mêmes.

A Trèves, les Juifs voyant approcher les croisés, quelques-uns d'entre eux prirent leurs enfants et leur enfoncèrent le couteau dans le ventre, disant qu'ils voulaient les envoyer dans le sein d'Abraham, plutôt que de les exposer aux insultes des chrétiens. Quelques-unes de leurs femmes montèrent sur le bord de la rivière, et ayant rempli de pierres leur tabliers et leurs manches, se précipitèrent dans l'eau. Les autres, qui voulaient conserver leur vie, prirent avec eux leurs enfants et leurs biens, et se retirèrent au palais qui était un lieu de franchise et qui servait de demeure à l'archevêque Gilbert. Ils lui demandèrent avec larmes sa protection, et lui, profitant de l'occasion, les exhorta à se convertir, leur représentant qu'ils s'étaient attirés cette persécution par leurs péchés, principalement par leurs blasphêmes contre Jésus-Christ et sa sainte mère, et leur promettant de les mettre en sûreté, s'ils recevaient le baptême.

Alors le Rabbin, nommé Michée, pria l'archevêque de les instruire dans la foi chrétienne, ce qu'il fit, leur expliquant sommairement le symbole. Michée dit ensuite : « Je proteste devant Dieu que je crois ce que vous venez de dire; je renonce au judaïsme, et j'aurai le soin de m'instruire plus à loisir de ce que je n'entends pas bien encore. Baptisez-nous seulement pour nous délivrer des mains de ceux qui nous poursuivent.

Vers le printemps de l'année 1091, le pape Urbain alla à Thiète, où il eut une conférence avec les évêques et les seigneurs au sujet de la croisade : il y exhorta tout le monde à prendre la croix. Ce pontife écrivit une longue lettre à l'empereur Alexis, dans laquelle il l'instruisit de la résolution prise au concile de Clermont de faire la guerre aux Sarrasins. Il lui nomma les chefs et le pria de donner les ordres nécessaires pour la subsistance de ces troupes.

A la tête des guerriers qui allaient entreprendre cette expédition régulière, l'histoire nomme Godefroi de Bouillon, duc de la Basse-Lorraine, prince issu de la famille des comtes de Boulogne, et descendant par les femmes de Charlemagne. Il s'était déjà illustré par de beaux faits d'armes et n'était pas moins célèbre par sa valeur que par sa piété et la simplicité de ses mœurs. Quiqu'il ne fût pas nommé chef de la croisade, il n'en fut pas moins l'âme par l'ascendant de son mérite et de sa vertu, par la sagesse de ses conseils et son dévouement à la cause des croisés. Il aliéna presque tous ses domaines pour faire face aux dépenses nécessitées par l'expédition à laquelle il prit une part si active, vendit à l'évêque de Verdun la ville de Stenay, céda à celui de Liége les droits qu'il avait sur le duché de Bouillon.

Godefroi réunit une armée de quatre-vingt mille fantassins et de dix mille hommes de cavalerie, et amena avec lui ses deux frères, Eustache de Boulogne et Baudoin, deux jeunes guerriers distingués. Une foule de seigneurs français et allemands, tels que les comtes de Hainault, de Gray, de Montaigu, de Conty, et autres, se joignirent à lui. La plupart de ces derniers étaient plutôt conduits par le désir de faire fortune et d'acquérir de la gloire, que par un motif religieux.

Cette armée, commandée par de si vaillants capitaines, rompue à la discipline, présentait un contraste frappant avec les hordes grossières conduites par Pierre l'Ermite, Gauthier-sans-Avoir et le prêtre Gottschalk. Aussitôt quelle parut sur le territoire étranger, elle fut accueillie avec tous les honneurs dus aux puissants chefs qui marchaient à sa tête. Avant de pénétrer en Hongrie, Godefroi adressa une lettre honnête au roi Coloman, lui demandant le libre passage dans son royaume. Ce prince lui répondit de la manière la plus polie, et lui fit fournir des vivres et des guides. Les Bulgares se montrèrent de même fort prévenants, et la conduite pleine de noblesse et de modération de ces derniers croisés fit oublier les violences commises par les premiers.

Après le départ de Godefroi de Bouillon, les autres croisés s'embarquèrent aussi pour l'Asie. Leurs forces se réunirent devant Nicée. Les historiens font monter leur nombre à près de six cent mille hommes, y compris les enfants, les femmes, les vieillards et tout ce qui forme une armée nombreuse.

Après avoir franchi le mont Taurus, les croisés continuèrent leur route et marchèrent sur Artésie, où Tancrède alla les rejoindre. Ce jeune guerrier reçut les félicitations de toute l'armée pour la belle conduite qu'il avait tenue lors de son démêlé avec Baudoin. Comme l'exemple de ce dernier pouvait trouver des imitateurs, qui, au lieu de défendre la cause des croisés, eussent été tenté de faire leurs affaires particulières, les chefs de l'expédition se réunirent pour délibérer, et publièrent un ordre qui enjoignit à chacun de rester avec l'armée et de ne point s'en séparer pour quelque motif que ce fût. Cette injonction fut jugée nécessaire, parce qu'il s'agissait d'entreprendre le siége d'Antioche, capitale de la Syrie, ville importante et très-forte. L'évêque Adhémar profita de ce moment favorable pour recommander aux soldats leur confiance en Dieu, la pratique des vertus, et le courage plus que jamais nécessaire.

Robert, duc de Normandie, fut chargé de commander l'avant-garde chrétienne. Il s'avance en bon ordre, dirige avec habileté une attaque, mais il est repoussé. Une grêle de pierres, lancées de la tour, accompagnée d'une nuée de flèches, le force à se retirer avec sa troupe, beaucoup trop faible pour tenter quelque action décisive. Alors s'avance le corps principal des chrétiens, et la face des choses change. Couverts de leurs larges boucliers, les croisés se précipitent en phalange serrée sur le pont, et, sans s'attaquer longtemps aux tours, portent des coups si rudes aux Sarrasins, qu'ils en nettoient les deux rives et les mettent en fuite, l'épée dans les reins. Ceux-ci, qui ne comptaient point sur une attaque si brusque, voyant que leur résistance serait désormais inutile, et voulant ménager leurs forces pour une autre occasion, s'éloignent à bride abattue sur les coursiers rapides, et se dirigent vers Antioche.

Cette ville, située sur l'Oronte, l'ancienne capitale des seconds rois de Syrie, successeurs d'Alexandre, et qui ont porté pour la plupart le nom d'*Antiochus*, n'était pas moins célèbre dans les fastes de l'histoire ecclésiastique. Ce fut dans cette cité que les premiers disciples de l'Evangile prirent le nom de chrétiens, et que saint Pierre gouverna en qualité de premier évêque. L'archevêque était un des cinq patriarches primitifs, et avait sous sa direction vingt provinces, dont quatorze avaient chacune leur métropolitain, et les six autres étaient gouvernées par deux prélats nommés catholiques, dont l'un résidait à Ani, en Arménie, vers les sources de l'Euphrate; l'autre à Irénopolis, nommé Bagdad par les Turcs. Les Grecs avaient repris Antioche, en 968, sous Nicéphore Phocas, et avaient gardé cette ville cent seize ans (1084), lorsque Soliman, fils de Courloumich, l'assiégea et la prit par ordre de Méli-Chu, qui la donna ensuite à un autre Turc, son parent, nommé Accien, pour défendre cette frontière, contre le calife Fatimite, d'Egypte, dont l'empire s'étendait en Syrie jusqu'à Laodicée. Méli-Chu mourut en 1092, âgé seulement de trente-sept ans, après avoir régné vingt ans. Son fils aîné Barkiaroue lui succéda, mais les premières années de son règne furent troublées par des guerres civiles qui facilitèrent les conquêtes des croisés.

La ville d'Antioche se distinguait, parmi les cités de

l'Orient, par sa grandeur, ses richesses, l'élégance de ses édifices publics, le nombre de ses églises majestueuses.

Fleury prétend qu'au moment où les Croisés allèrent mettre le siége devant Antioche, la plupart des habitants de cette ville étaient chrétiens. Ce qu'il y a de certain, c'est que la religion de Jésus-Christ était la religion dominante de plusieurs contrées de la Syrie, et qu'Antioche, malgré les persécutions auxquelles les disciples de l'Evangile étaient continuellement exposés de la part des Musulmans, renfermait un grand nombre de fidèles vivement attachés à leur foi. Une foule de mahométans des villes voisines s'y étaient refugiés avec leurs trésors pour se mettre à l'abri des exigences des Chrétiens, comptant sur la force de ses murailles et sur une garnison forte de vingt mille hommes d'infanterie et de sept mille hommes de cavalerie.

Avant d'entreprendre ce siége, les Croisés tinrent conseil entre eux, car leurs vues étaient divisées. Les uns, craignant l'hiver avec son cortége de maladies et de maux de toute espèce, désiraient que cette opération, que tous jugeaient nécessaire, fût différée jusqu'au printemps et étaient d'avis de se partager dans les différentes villes de la province ; mais les autres, à la tête desquelles se trouvait Adhémar, l'évêque du Puy et le duc de Lorraine, représentèrent combien il serait imprudent de retarder cette entreprise non-seulement parce que la ville d'Antioche pourrait profiter de ce temps pour s'approvisionner de plus en plus, mais parce qu'elle pourrait appeler à son secours ses alliés et ses coréligionnaires. Ils firent valoir le siége de Nicée, la victoire de la vallée de Gorgoni, l'enthousiasme des troupes qu'un long repos démoraliserait infailliblement, et finirent par faire prévaloir leur avis. Trois cent mille combattants et autant de pèlerins divers allèrent donc investir la ville d'Antioche.

Le blocus fut établi sur trois points différents, à l'est, au nord-est et au nord; le seul côté méridional ne fut point occupé à cause des innombrables difficultés que présentaient les précipices, les rochers, les montagnes et le terrain en général accidenté. Bohémond et Tancrède occupèrent le point oriental avec leurs soldats. Godefroy de Bouillon campa aux environs du pont jeté sur l'Oronte, les autres chefs prirent leurs quartiers sur d'autres points entre ces deux princes.

Depuis l'arrivée des Croisés, les Musulmans se tinrent renfermés dans leur ville sans faire le moindre bruit, ils ne parurent pas sur leurs remparts et ne semblèrent pas s'inquiéter des assiégeants. Ceux-ci ne surent que penser de ce silence et de cette indifférence, qu'ils attribuèrent les uns à la terreur que leur présence avait inspirée aux Turcs, les autres à une ruse. Ce siège fut donc d'abord fait et poussé avec vigueur. Mais cette belle ardeur ne se soutint pas longtemps. Le soudan d'Egypte ayant appris les grands exploits des Latins, et désirant se rapprocher d'eux, leur envoya une ambassade pour leur représenter que c'était injustement qu'ils prétendaient s'emparer d'un pays sur lequel les Sarrasins avaient un droit légitime, l'ayant conquis autrefois par la force des armes. — Les Croisés répondirent que cette possession, pas plus que celle des Turcs qui la détruisaient, ne donnait droit ni aux uns ni aux autres, pas plus que les grands n'en acquièrent sur les biens d'un voyageur faible et timide ; que ce pays n'avait été perdu par les Chrétiens que par la lâcheté des Grecs, nation efféminée, qui n'avait pas eu le courage de le défendre. — « La religion que nous suivons, ajouta un des chefs, nous a inspiré le dessein de rétablir son empire dans les lieux où elle a pris naissance. Nous n'avons pas besoin, pour accomplir nos sacrements, du concours des puissances de la terre. Nous ne sommes pas venus en Asie pour recevoir les lois et les bienfaits des Musulmans. Nous n'avons point oublié les outrages faits aux pèlerins de l'Occident par les Egyptiens : on se souvient encore que les Chrétiens, sous le règne du calife Hakem, ont été livrés aux bourreaux, et que leurs églises, et surtout celle du Saint-Sépulcre, ont été renversées de font en comble. Oui, sans doute, nous nous sommes proposés de visiter Jérusalem, mais nous avons aussi fait le serment de la délivrer du joug des infidèles. Dieu, qui l'a honorée de ses souffrances, veut y être servi par son peuple; les Chrétiens veulent en être les gardiens et les maîtres. Allez dire à celui qui vous envoie de choisir la paix ou la guerre; dites-lui que les Chrétiens, campés devant Antioche, ne craignent ni les peuples d'Egypte, ni ceux de l'Ethiopie, ni ceux de Bagdad, qui ne peuvent s'allier qu'avec les puissances qui respectent les lois de la justice et les drapeaux de Jésus-Christ. »

Les Croisés, qui eurent à se plaindre de l'empereur Alexis, écrivirent au pape Urbain II une lettre dans laquelle ils lui dépeignirent ce prince comme un fourbe, qu'après leur avoir promis toute sorte de secours, leur suscitait tous les obstacles que la perfidie était capable d'imaginer. Ils avaient été engagés à cette démarche par un fait récent.

Suénon, fils du roi de Danemark, s'était mis en route, avec quinze mille hommes de troupe d'élite, pour aller joindre les Croisés devant Antioche. Les historiens des Croisades disent qu'une jeune princesse, fille du duc de Bourgogne, fiancée à Suénon, qu'elle devait épouser après la prise de Jérusalem, ne voulant point se séparer de son futur époux, avait pris la croix et accompagnait cette troupe. L'empereur Alexis fit à Suénon un accueil digne de sa naissance, lui fit voir toutes les curiosités de Constantinople, lui donna des fêtes brillantes, l'accabla de caresses et de présents; mais lorsque ce jeune prince fut arrivé en Phrygie, son camp fut attaqué pendant la nuit par les Turcs qu'Alexis avait fait prévenir en secret. Suénon se défendit longtemps en vrai héros, immola un grand nombre de musulmans, mais il périt enfin accablé par les traits des ennemis avec Floride, sa fiancée. Son camp fut pillé, et ceux d'entre les Chrétiens qui échappèrent à la mort furent réduits à l'esclavage. Un autre fait qui démasqua entièrement les sentiments des Grecs, fut le départ de Tacite. Ce général, qui avait accompagné les Croisés au siége d'Antioche, voyant les maux que ceux-ci souffraient par suite des privations de tout genre, leur conseilla d'abandonner cette entreprise et de se retirer dans les villes voisines; mais, comme il ne fut pas écouté, il prit le parti de s'éloigner en silence. Pour mieux tromper les alliés, il laissa ses tentes dressées avec quelques compagnies de soldats et partit pour ne plus revenir.

Cependant les Croisés se bornaient à bloquer Antioche et se livraient à la mollesse devant une ville entourée en partie par un fleuve qui baignait ses hautes et épaisses murailles, qu'on nommait la reine de l'Orient ; on eût dit que ces larges fossés, ces rochers escarpés, ces palissades, ses quatre cents tours, solidement construites ; ces collines couvertes de châteauxforts ; ce marais et cet étang profond, n'inspiraient que du mépris aux défenseurs de la croix. Les Musulmans, qui spéculaient sur l'humeur légère des Croisés, leur avait tendu un piége contre lequel les plus habiles d'entre les Chrétiens échouèrent. Ils avaient laissé les fruits pendus aux arbres, les raisins aux vignes ; les blés étaient entassés dans les fossés, dans les champs. De nombreux troupeaux erraient dans la plaine : l'abondance régnait au camp et avec elle la licence. Les charmants environs de cette cité, les délicieux bocages de Daphné, célèbres par les oracles d'Apollon, les jardins et les vergers, arrosés d'eaux limpides ; les beaux rivages de l'Oronte, sur lesquels l'antiquité païenne adorait autrefois Vénus et Astarté ; les banquets et les jeux charmaient les Chrétiens au point qu'ils oublièrent presque leur entreprise, ne songeant qu'aux plaisirs. On les voyait sans cuirasses et sans épées, vêtus de tuniques légères, parcourir ces lieux, respirer un air enivrant, le parfum de mille fleurs plus belles que celles de l'Europe, savourer enfin les délices qui allaient leur coûter si cher.

Les assiégés, toujours immobiles derrière leurs murailles, suivaient avec un plaisir malin les effets de ces funestes égarements, et s'applaudissaient en secret d'avoir si bien calculé. Ils méditaient alors en silence des projets de mort et de vengeance, et se montraient, du haut de leurs tours et à travers les ouvertures des créneaux de leurs murailles, les fêtes et l'insouciance des ennemis. Non-seulement ils ne se plaignaient point des privations auxquels ils étaient condamnés ; bien plus, ils auraient même voulu s'imposer de plus grands sacrifices encore pour augmenter l'abondance des Croisés et les énerver davantage.

Enfin l'heure de la vengeance sonne. Semblables à des tigres altérés de sang, ils sortent de la ville, se précipitent sur les postes des Chrétiens et les immolent à leur haine avec d'autant plus de facilité qu'ils les trouvent sans armes, et les empêchent de retourner à leurs retranchements. Ils ne regagnent la ville qu'après avoir assouvi leur rage sur tous ceux qui étaient dispersés dans les campagnes, ou que l'espoir du butin avait conduit sur les rives de l'Oronte.

Honteux de s'être laissés surprendre, les Croisés ne demandent plus qu'à combattre, et veulent monter à l'assaut pour venger l'affront qu'ils viennent de subir et la mort de leurs frères. Mais Antioche est inexpugnable ; d'ailleurs les assiégeants n'ont ni échelles ni machines de guerre ; ils se bornent donc à faire construire un pont de bateaux sur l'Oronte, pour empêcher les Turcs de passer d'une rive à l'autre. Ils essaient de fermer tous les passages par lesquels les assiégés peuvent sortir de la ville, s'appliquent à démolir un pont construit sur un marais en face de la porte du Chien, mais ils n'y réussissent pas ; alors ils y placent une haute tour en bois, mais les Turcs y mettent le feu ; enfin, pour n'être pas constamment exposés aux sorties des ennemis, ils y traînent d'énormes quartiers de rochers et des arbres des forêts voisines.

Bientôt le manque de vivres et les maladies exercèrent de si cruels ravages, que tout le camp ressemblait à un vaste hôpital, où tout le monde mourait pêle-mêle, et que les prêtres pouvaient à peine suffire à enterrer les morts. On donnait tout ce qu'on avait, ses armes, ses vêtements, ses trésors, pour avoir un peu de nourriture. Ces Croisés, naguère si fiers, n'étaient plus que des ombres d'eux-mêmes, errant comme des spectres, au teint pâle et livide, à l'œil mourant, couverts de misérables haillons, arrachant avec le fer de leurs lances des racines sauvages pour les faire cuire, et n'attendant même pas que le feu les eût amorties pour les dévorer. Ils eurent aussi recours aux chiens, aux insectes et à tous les animaux qui leur tombaient sous la main, pour en faire leurs repas.

Les Arabes, que les Chrétiens faisaient trembler autrefois, profitèrent de cette situation pour immoler ceux qui, n'ayant plus la force de se défendre, recevaient la mort comme une grâce, le regard tourné vers cette Jérusalem qu'ils étaient venus délivrer, et que le ciel semblait ne vouloir pas leur livrer.

Les chefs se réunirent alors en conseil pour délibérer sur cet état affreux des choses; il fut convenu qu'on entreprendrait une expédition, dans les contrées voisines, pour avoir des vivres. C'était le jour de Noël. La messe fut célébrée au milieu du deuil général. Vingt mille Croisés d'élite, sous les ordres du prince de Tarente et du comte de Flandre, firent de touchants adieux à l'armée et partirent dans la direction de Harenc. Ils furent plusieurs fois attaqués par les Turcs, qu'ils battirent. Alors les assiégés firent aussi des sorties vigoureuses, dans l'une desquelles Adhémar perdit son étendard. Les Arabes, nés dans ce pays, dont le climat était mortel pour les Chrétiens, ne vivant que de dattes sèches et ne nourrissant leurs chevaux que de quelques brins d'herbe, revinrent souvent, enlevant les Croisés, qui avaient eu le malheur de s'éloigner du gros de l'armée, brûlant et ravageant tout dans la campagne pour enlever à leurs ennemis jusqu'à l'espoir de se soutenir plus longtemps.

Cependant Bohémond revint de son expédition ; il était suivi d'un grand nombre de chevaux et de mulets chargés de vivres. Sa vue ranima l'espérance dans les cœurs affligés; mais ces provisions calmèrent momentanément la plaie sans pouvoir la guérir ; car, comme toute la Syrie avait été ravagée par les Turcs eux-mêmes, il fut impossible de ramener l'abondance dans le camp. La vue de l'affreuse misère qui continua à peser sur l'armée produisit encore un autre résultat non moins affligeant ; la désertion gagna les rangs des Croisés. Une foule d'entre eux, désespérant du succès de l'entreprise, se rendirent dans les états de Baudoin ; d'autres allèrent habiter différentes villes de la Cilicie occupées par les Chrétiens ; mais celui dont la retraite frappa le plus l'armée ce fut Pierre l'Ermite. Cet homme eut à essuyer les reproches les plus graves de la part des Croisés, qui lui reprochaient sans cesse d'être la cause de tous les maux qu'ils souffraient. Pour se soustraire aux plaintes dirigées sans cesse contre lui, il prit le parti de s'enfuir secrètement, mais il fut rejoint et ramené au camp. On lui fit de nouveaux reproches sur sa lâcheté, et il fut obligé de jurer sur les saints Évangiles de ne plus abandonner ceux que sa parole avait entraînés. Pour prévenir de nouveaux désastres, les chefs se virent dans la triste nécessité de menacer du dernier supplice ceux qui seraient tentés de prendre encore la fuite.

Sur ces entrefaites, les croisés eurent la consolation de voir arriver au port de Saint-Siméon des vaisseaux de

Gênes et de Pise, avec des vivres et des armes. Aussitôt une foule de soldats sortirent du camp pour se précipiter vers le port et acheter des provisions de toute espèce. Ils eurent l'imprudence de partir sans emporter leurs armes, et s'en retournèrent en désordre sans prendre aucune de ces précautions prescrites par la prudence, devant un ennemi saisissant avec avidité toutes les occasions de leur nuire. Ils faillirent payer bien cher cette imprudence, par un corps de quatre mille Turcs qui se précipita tout à coup sur eux et les chargea vigoureusement. Bohémond et Raymond, qui les accompagnaient, ne purent les défendre, n'étant pas assez forts pour résister à un si grand nombre d'adversaires.

Godefroi, qui apprit le danger auquel étaient exposés les soldats, vole aussitôt à leur secours avec plusieurs des chefs les plus distingués, et fond, l'épée à la main, sur les ennemis. Il les refoule du côté de la ville et en fait un horrible carnage. Le gouverneur d'Antioche, témoin de la défaite des Musulmans, fait sortir de la ville une troupe d'élite pour les soutenir, mais les croisés les reçoivent avec une telle intrépidité, qu'ils ne peuvent en soutenir le choc. La confusion fut telle, que l'on se battit corps à corps. Alors les Musulmans essayent d'entrer dans la ville ; mais Godefroi leur avait coupé la retraite, en allant se porter avec ses braves sur une éminence voisine des murs d'Antioche, où il les écrasa. Plus de deux mille ennemis, qui cherchaient leur salut dans la fuite, se noyèrent dans l'Oronte; mais un plus grand nombre tomba sous les lances et les glaives des chrétiens, qui remportèrent une victoire éclatante, malgré des pertes sensibles qu'ils firent dans cette occasion.

Les Turcs employèrent la nuit à ensevelir leurs morts, qu'ils déposèrent auprès d'une mosquée sur les bords de l'Oronte. Les mendiants qui suivaient l'armée des chrétiens ne rougirent point d'aller, la nuit suivante, exhumer ces cadavres, pour les dépouiller de leurs vêtements et des armes qui avaient été enterrées avec eux, et parurent au camp avec ces indignes trophées. Ils coupèrent ensuite les têtes des quinze cents Turcs, qu'ils jetèrent dans l'Oronte pour porter aux Perses et aux Génois la nouvelle de leur victoire. Les croisés démolirent ensuite la mosquée, se servirent des pierres pour construire un fort devant la porte qui conduisait au pont et par laquelle les assiégés sortaient ordinairement.

Ce brillant fait d'armes répandit la consternation dans Antioche. Tancrède fit aussi convertir en forteresse un couvent situé sur une colline, à une petite distance de la porte Saint-Georges, battit les Syriens qui tentaient d'approvisionner la ville de ce côté, et les croisés surprirent deux mille chevaux que le gouvernement avait envoyés dans une vallée voisine.

Les assiégés, réduits au désespoir et ne voyant pas arriver le secours qu'on leur avait promis, perdirent courage, tandis que les croisés s'exaltèrent de plus en plus. La discipline s'était rétablie dans leur camp, et on eut soin de donner de l'occupation aux mendiants et aux vagabonds pour les dérober à l'oisiveté et au vice.

Cependant les Turcs, commençant aussi à manquer de vivres, demandèrent et obtinrent une trêve pour prolonger leur défense, attendant toujours un secours de leurs frères mahométans. Ce fut là une faute dont les chrétiens eurent à se repentir. Cette suspension des hostilités ne dura toutefois pas longtemps ; car les Turcs ne l'observèrent pas fidèlement, et massacrèrent un chevalier nommé Wallon, qu'ils surprirent dans un lieu écarté, ce qui occasiona de nouveaux combats. Les Musulmans avaient profité de la trêve pour ravitailler la ville, et, de cette manière, lever le siége qui durait depuis sept mois, aurait été continué plus longtemps encore si Bohémond n'eût trouvé un moyen de l'abréger. Il entretenait depuis quelque temps une correspondance avec un nommé Phirous, arménien, et qui avait abjuré la foi de Jésus-Christ pour embrasser l'islamisme. Le gouverneur d'Antioche lui avait confié la garde de trois des principales tours de la ville. Cet homme prit si bien ses mesures qu'il parvint, malgré la plus stricte vigilance, à tromper les Turcs. Pour mieux en imposer à leurs ennemis, les chefs chrétiens, par une feinte démonstration de crainte, firent sortir l'armée du camp, comme s'il s'était agi d'aller à la rencontre du prince de Messoul, qui arrivait avec une armée que quelques historiens font monter à six cent mille hommes, dans l'espoir de livrer Antioche. Mais les croisés revinrent au camp pendant les ténèbres de la nuit et apprirent le plan que leurs chefs avaient conçu. Du côté des chrétiens, tout paraissait concourir à son exécution. D'épaisses ténèbres couvraient la terre, un orage épouvantable ajoutait encore à l'obscurité, la foudre sillonnait l'air, et venait, en mugissant, ébranler les toits des édifices et empêchait les sentinelles d'entendre ce qui se passait sur les murailles; la garnison était plongée dans le sommeil, lorsque les croisés escaladèrent une des tours au moyen d'une échelle de cuir. Bientôt les autres tours furent de même prises; une des portes de la ville fut enfoncée, et les chrétiens se précipitèrent comme des lions dans la ville pour assouvir leur rage sur tous ceux qui tombèrent sous leurs coups.

Bohémond prit aussitôt possession d'Antioche, et, au point du jour, on vit flotter son drapeau rouge sur une des tours de la cité. Alors les chrétiens qui étaient restés au camp entrèrent aussi en ville, où plus de dix mille Turcs furent passés au fil de l'épée. Plusieurs d'entre les principaux Musulmans essayèrent de se dérober par la fuite au malheur qui avait frappé la ville, mais ils y furent presque tous ramenés et mis à mort : de ce nombre fut aussi le gouverneur Accien. Voyant que sa cause était perdue, celui-ci sortit par une porte secrète et errait sur les montagnes, lorsque des bûcherons le rencontrèrent. Il fut reconnu par l'un d'entre eux qui le perça de sa propre épée. On apporta sa tête aux vainqueurs, qui s'en firent un trophée. Phirous, qui avait livré cette importante cité, reçut de grandes richesses et se joignit aux chrétiens pour entreprendre le siége de Jérusalem.

Tout fut sans honneur pour l'armée chrétienne dans la prise de cette ville ; ils souillèrent leur triomphe par des traits de barbarie, croyant que tout leur était permis contre un ennemi vaincu. — Cependant la citadelle restait au pouvoir des musulmans, qui furent sommés à plusieurs reprises de la rendre ; mais ils n'en firent rien. Les croisés se bornèrent donc à l'investir, espérant la forcer par la famine. La ville fut prise l'an 1098, dans les premiers jours du mois de juin.

Cet événement causa une vive consternation parmi les Turcs, sans toutefois les abattre. Ils espéraient toujours que leur grand nombre l'emporterait tôt ou tard sur cette poignée de chrétiens dont ils avaient cependant déjà tant de fois éprouvé la valeur indomptable. Le roi de Perse, en sa qualité de chef suprême des Turcs seldjoucides, fit un appel à tous les Mahométans des contrées menacées par les guerriers occidentaux, et tout s'ébranla pour voler à la défense de leur patrie et de leur religion. Corbana, que d'autres appellent aussi Kerbogâ, prince de Mossoul, fut choisi pour demander l'armée musulmane, dans laquelle on voyait vingt-huit émirs de la Palestine. Ce chef, qui s'était distingué dans des guerres nombreuses, était un homme tellement infatué de sa personne et de son mérite, qu'il comptait sur un succès d'autant plus éclatant, que ses troupes paraissaient le seconder à merveille et brûlaient du désir de se mesurer avec les chrétiens. Le troisième jour après la conquête d'Antioche, les fonctionnaires aperçurent du haut des remparts des nuées de poussière, à travers laquelle ils virent flotter les innombrables bannières des Musulmans. Cet aspect porta l'épouvante dans le cœur des soldats. En vain Godefroi, Tancrède et les autres chefs cherchent-ils à ranimer leur courage en leur rappelant leurs exploits passés, rien n'est capable de les rassurer. Cette immense multitude d'infidèles vient se ruer avec fureur sur la ville, l'assiége de tous côtés, ne permet plus à personne de sortir et intercepte les faibles convois de vivres qu'on essaie d'y introduire. Les croisés se voient en possession de grandes richesses, mais ils manquent de provisions, n'ayant pas eu le temps de s'en procurer, et ne prévoyant pas qu'ils dussent sitôt, d'assiégeants devenir assiégés eux-mêmes. La disette avec toutes ses horreurs fait sentir ses ravages. Non-seulement ils abattent leurs bêtes de somme, tuent leurs chevaux, mais ils sont réduits jusqu'à manger le cuir de leurs souliers et de leurs armures, qu'ils font bouillir dans de l'eau et qu'ils assaisonnent d'épices. La famine confond tous les rangs ; chefs et soldats mendient de porte en porte une nourriture que personne ne peut leur donner. On paie des sommes énormes pour les objets que, dans d'autres moments, on avait méprisés, et l'on voit tel comte, possesseur d'une fort belle fortune, obligé d'invoquer la charité publique pour ne point mourir de faim.

A tous ces maux il y avait un remède, c'était le sort d'une bataille, qui aurait ou procuré des vivres ou une mort glorieuse; mais les Chrétiens doutent d'eux-mêmes, doutent de leur courage ; leurs épées, auxquelles ils ont tant de fois appelé pour se délivrer de leurs ennemis, paraissent avoir perdu leur valeur; personne ne songe à en faire usage. Fatigués de tant de revers, les soldats cherchent leur salut dans une fuite honteuse. Les uns, après avoir jeté leurs armes, vont se livrer aux Turcs et obtiennent du pain pour prix d'une lâche apostasie ; les autres profitent des ténèbres de la nuit, se dirigent vers la mer, dans l'espérance de trouver un navire qui les ramène en Europe. Cette fureur de déserter devient bientôt si générale, qu'on demande au ciel de punir ces traîtres comme d'autres Judas. Et ces vœux furent exaucés, car une foule de ces malheureux furent exterminés par le glaive des Musulmans; d'autres trouvèrent la mort dans la même misère qu'ils avaient voulu éviter.

Cependant une lueur d'espérance vint briller tout à coup et faire renaître la confiance des Chrétiens. L'empereur Alexis, honteux d'avoir jusqu'à ce jour fait si peu de chose pour la cause de la croix, s'avance à la tête d'une armée jusqu'à Philomélium ; mais, apprenant que les Croisés étaient cernés dans Antioche et décimés par la faim et les maladies, il s'arrêta, dans la crainte de se compromettre vis-à-vis des Turcs en marchant au secours de ses frères chrétiens. Regardant donc comme perdue la cause des Croisés, il eut la lâcheté de retourner à Constantinople, malgré les supplications d'une multitude de Croisés latins, qui le conjurèrent de les conduire à Antioche pour y partager les périls de leurs frères.

La famine croissait chaque jour dans la ville assiégée, qui ressembla bientôt à un vaste tombeau. Les rues étaient silencieuses et désertes, ou bien on entendait quelquefois les plaintes et les gémissements partis des maisons et annonçant le désespoir. Ce silence, dans une ville qui fourmillait de tant de soldats, avait quelque chose d'indéfinissable et ajoutait encore à l'horreur. La peste se joignit encore à la famine et entassait chaque jour victimes sur victimes. Alors le prince de Tarente, commandant la ville, eut recours à un moyen assez singulier. Pour forcer ces soldats à sortir de leurs retraites, il fit mettre le feu à plusieurs quartiers d'Antioche, et parvint, par ce stratagème, à les tirer de leur léthargie.

Kerboga continua à presser avec vigueur le siége de la ville. Il fit jeter des renforts dans la citadelle et aurait même fait tenter un assaut contre la ville; mais il parut tellement rassuré sur le succès de son entreprise, qu'il préféra attendre, pour ne point compromettre la vie de ses soldats. Cependant sur les deux puissants auxiliaires qu'il y avait, la peste et la famine, il rejeta avec dédain les offres de capitulation que lui firent les Chrétiens, ne demandant pour prix de la reddition de la place que la faculté de se retirer en Europe avec leurs armes et leurs bagages.

La nouvelle de l'extrême misère qui avait frappé les Croisés, se répandit avec rapidité par toute l'Asie-Mineure. Les Musulmans étaient fiers de cet échec, raillaient partout les Chrétiens et s'amusaient aux dépens de ces vaillants Occidentaux qui s'étaient annoncés comme les libépateurs de l'Asie et du tombeau de leur Sauveur, et qui périssaient alors de faim dans une ville assiégée. Ils leur demandaient où étaient donc les merveilles que Dieu opérait en leur faveur, et ces merveilles allaient éclater : car au milieu de la consternation générale, on racontait dans l'armée chrétienne des visions, on prophétisait une délivrance prochaine, on parlait de miracles, et ces récits furent accueillis avec d'autant plus de transports, que l'esprit de l'homme, en proie au malheur, embrasse plus volontiers l'espérance de secours surnaturels, alors que tous les secours humains lui manquent.

Quelques âmes nobles et généreuses ne furent pas amollies par le désespoir qui avait énervé toutes les autres. On cite entre autre le brave Tancrède, qui fit le serment de ne point renoncer au projet de conquérir la cité sainte, si soixante chevaliers seulement voulaient l'accompagner. Godefroi de Bouillon, Raymond de Toulouse et plusieurs autres chefs promirent la même chose, et cet exemple entraîna bientôt le reste de l'armée.

Quiconque eût vu dans ce moment les Croisés dans l'attitude d'hommes pénitents, modestes, doux, presque timides, n'eût pas supposé que ces mêmes êtres allaient, un instant après, se changer en des lions redoutables, affronter un ennemi trois fois plus nombreux qu'eux, et disputer, malgré leur faiblesse, la victoire à des guerriers robustes et animés par l'espérance d'écraser leurs adversaires, minés par les maladies et les privations.

Enfin l'aurore de ce jour à jamais mémorable commence à poindre. C'était le jour où l'église catholique célèbre la fête des glorieux apôtres saint Pierre et saint Paul. L'armée chrétienne, divisée en douze corps en l'honneur des douze hérauts de la foi, et placé chacun sous la protection spéciale de l'un d'eux, sort d'Antioche en chantant des cantiques, des hymnes d'église, des psaumes. L'étendard de l'Eglise est porté par Hugues, surnommé le Grand à cause de sa taille riche ; il commande le premier bataillon.

Affaibli par une fièvre brûlante, ce prince semblait ne pouvoir se soutenir qu'avec peine ; mais c'est en vain que ses amis et ses vassaux l'avaient conjuré de rester dans la couche où le retenaient ses souffrances. « Non, non, s'était-il écrié, je n'attendrai pas dans un lâche repos une mort ignominieuse ; c'est parmi vous, chers et vaillants compagnons, que je veux aujourd'hui mourir glorieusement pour Jésus-Christ. »

Le second bataillon était commandé par Godefroi de Bouillon ; le troisième, par Robert, duc de Normandie ; le quatrième, par Aymar Monteil ; le cinquième, par Tancrède. Ce héros parfait, que le Tasse a peint si fidèlement, d'après l'histoire, réunissait la valeur, la grandeur d'âme, la modestie, la constance et la sensibilité des vrais chevaliers. Au fort de la mêlée, il fait jurer à ses écuyers de garder le silence sur ses propres exploits.

Le prince Bohémond commandait le dernier corps de l'armée chrétienne.

A la suite des guerriers, le clergé sortit de la ville, et se rangea sous les murs. Les lévites, portant la croix, les flambeaux, les bannières flottantes et les urnes des parfums, bénissaient au loin l'armée, chantait alternativement des cantiques de triomphe et murmuraient tristement les prières des morts. A ces voix mélancoliques, à ces accents funèbres, d'autres prêtres, placés sur les remparts, les pieds nus et des cordes pour ceintures, répondaient par des chants non moins lugubres. Les femmes et les enfants mêlaient aux pieux concerts de l'Eglise des cris, des adieux, des exhortations. Ces bruits confus allaient, avec l'odeur de l'encens jusqu'aux soldats, qui croyaient entendre les plaintes de la patrie absente, et les soupirs de la religion, qui se recommandait à leur vaillance.

A peine les troupes eurent-elles défilé par la porte du Pont, qu'une légère ondée tomba du ciel azuré. Les Chrétiens, brûlants et desséchés par la rigoureuse abstinence qui les minait lentement, se sentirent tout à coup rafraîchis et ranimés par la douce rosée. Ils regardaient cette manne limpide comme une onction dont le ciel fortifie ceux qu'il protége ; dans la persuasion d'un miracle, ils crient tous ensemble : *Dieu le veut! Dieu le veut!*

Arrivés au pont, les Croisés s'arrêtèrent ; alors l'évêque Adhémar, revêtu d'une cuirasse sur laquelle brillait la chape des Pontifes, fit faire silence, et leur adressa un discours pathétique, leur promettant la victoire. A côté de lui, se trouve Raymond d'Agiles, portant la sainte lance. Le discours du prélat électrisa tous les cœurs, et d'une voix forte, semblable aux mugissements de la mer en courroux, cette immense multitude répondit *Amen* ; puis elle fléchit le genou et reçoit la bénédiction. Quel spectacle de voir cent mille combattants aux pieds du pontife vénérable, courbant leurs fronts devant cette main tremblante qui les bénit au nom du Dieu des armées. Cette voix des Croisés retentit menaçante aux oreilles des Musulmans stupéfaits. Ceux-ci ne savent à quoi attribuer cette ardeur des Chrétiens, qu'ils croyaient hors d'état d'entreprendre quelque chose.

L'armée chrétienne se rangea en bataille du côté de l'Occident. Kerboga jouait aux échecs dans sa tente, lorsqu'un drapeau noir, arboré sur les murailles de la citadelle, et les fuyards qui gardaient le pont, et que le comte de Vermandois avait culbutés, viennent lui apprendre la résolution des Croisés. La tente habitée par le général turc, semblable à un palais mouvant, et placé à l'endroit même occupé par Bohémond pendant le siège de la ville, était décorée de tout le faste oriental, et pouvait, au dire des historiens, contenir deux mille personnes. Trois mille soldats, armés du pied à la tête, ainsi que leurs chevaux, couverts d'une brillante armure, veillaient nuit et jour à l'entour.

A la vue des dispositions des Croisés, le prince de Mossoul se lève nonchalamment, ne pouvant se persuader qu'il s'agissait d'une affaire sérieuse. Il distribue la plupart de ses troupes sur la rive droite de l'Oronte, donne le commandement de l'aile droite à l'émir de Jérusalem ; celui de l'aile gauche à Buldagis, fils de l'ancien gouverneur d'Antioche. Ces deux princes avaient depuis longtemps demandé une bataille : l'un, pour venger la mort de son père et la perte d'Antioche ; l'autre, pour prévenir la conquête de sa propre ville, menacée par les Croisés.

Sur le point de combattre, Kerboga sent son courage défaillir. La prédiction d'une sybille, qui lui avait annoncé une défaite, troubla ses pensées. On prétend que sa propre mère, fondant en larmes, avait fait tous ses efforts pour le détourner de son projet de livrer bataille. Mais il n'était plus temps de reculer ; d'ailleurs qu'avait-il à craindre avec plusieurs cent mille combattants contre des soldats exténués, ne trouvant de forces que dans leur désespoir ? Il ordonna aux émirs de Damas et d'Alep de tourner derrière la montagne, avec leur cavalerie, pour investir les Chrétiens de tous côtés et leur couper la retraite vers la mer et vers Antioche. Quant à lui-même, il monte sur une éminence pour suivre de l'œil tous les mouvements des deux armées.

Dès que les Croisés occupent leurs positions diverses, les clairons et les trompettes se font entendre. Les deux armées s'ébranlent ; les épées sont tirées. Les Musulmans poussent des hurlements comme pour effrayer leurs adversaires, et lancent une telle quantité de flèches que l'air en est obscurci ; mais le vent, qui souffle avec assez de violence, émousse ces traits, tandis que ceux des Chrétiens atteignent rapidement leur but. Hugues-le-Grand se précipite au plus fort de la mêlée. Il a retrouvé ses forces. Son visage resplendit d'un éclat céleste, et ses cheveux blonds descendant en larges boucles sur ses épaules, flottent au gré de la brise matinale. Il porte de terribles coups aux ennemis. Sur ses pas marchent le duc de Normandie, le comte de Flandres et plusieurs autres qui renversent tout ce qui s'offre à leurs redoutables épées. Vingt autres héros se signalent par des traits de bravoure que l'histoire n'a pu enregistrer tous ; car elle aurait rempli trop de pages. Partout le sang ruisselle sous leurs glaives.

Pendant que le centre de l'armée musulmane plie sous

le choc des Croisés, l'aile droite est entourée par Godefroi, Tancrède et plusieurs autres chefs chrétiens. La bataille n'a duré qu'une heure, et déjà la victoire paraît se décider pour les soldats de la croix, lorsque le bruit se répand tout à coup que les Soudans de Damas et d'Alep, ayant fait le tour de la montagne, débouchaient dans la plaine pour cerner les Chrétiens. Ce secours inattendu allait doubler les forces des Musulmans. Bohémond, qui se voit attaquer par quinze mille hommes de cavalerie, fait tous ses efforts pour le repousser ; mais il ne peut presque point résister à une attaque si brusque. Soliman a recours à un stratagème pour augmenter la confusion que son arrivée a jetée dans le rang des Chrétiens : il fait mettre le feu à des joncs qui se trouvent dans la vallée. Des tourbillons de flammes, des nuages de fumée se répandent sur les bataillons des Chrétiens ; Karieth, le plus fort de l'armée turque, profite de cet incident pour se jeter au milieu des Croisés et en faire un horrible carnage ; mais Hugues-le-Grand accourt et perce de sa lance le colosse musulman : il est vaillamment secondé par Godefroi et Tancrède, qui mettent en déroute cette cavalerie formidable. Ces chefs intrépides retournent ensuite au centre et à la droite de l'armée, où ils continuent leurs exploits, lorsque les Chrétiens s'écrièrent tout à coup que le ciel combattait pour eux. Plusieurs Croisés prétendent que les saints martyrs Maurice, Georges et Démétrius combattent avec eux, et cette nouvelle, qui se communique à toute l'armée, rallume leur courage au point qu'ils se croient invincibles, se jouent de tous les dangers pour arracher aux infidèles la victoire.

Les Turcs, qui ne s'étaient point attendus à tant d'intrépidité, s'ébranlent de tous côtés et prennent la fuite, ne pouvant résister plus longtemps au choc des Chrétiens. En vain essaient-ils de se rallier sur une colline protégée par un ravin profond, les Croisés franchissent cet obstacle et les chassent encore de cette position. Alors la fuite devint générale, et les plus beaux succès couronnèrent les efforts des braves Chrétiens.

Le prince de Mossoul montra, après la bataille, autant de lâcheté qu'il avait montré d'orgueil, et, un des premiers, donna à ses soldats l'exemple d'une fuite honteuse. Des bataillons entiers, pourchassés par les Chrétiens, trouvent la mort dans l'Oronte; d'autres implorent la clémence des vainqueurs. Tancrède seul n'est pas encore satisfait, et poursuit les Musulmans pendant l'espace de plusieurs lieues, jonchant la terre de nombreuses victimes. De cette belle armée, qui avait compté sur un succès certain, il n'en resta plus que des débris; à en croire quelques historiens, cent mille Sarrasins mordirent la poussière dans cette mémorable journée. Les Croisés trouvèrent des vivres abondants, quinze mille chameaux, beaucoup de chevaux, des armes de toute espèce au camp des infidèles; leur perte ne s'éleva qu'à quatre mille hommes. La tente de Kerboga attira surtout leur regard : tout y était resplendissant d'or et de pierreries; elle ressemblait plutôt à une ville qu'à un lieu destiné à un campement. On trouva aussi quantité de chaînes et de cordes destinés à enchaîner les Chrétiens, s'ils avaient eu le malheur d'être vaincus. Les trésors trouvés dans ce camp rendirent les chefs et les soldats chrétiens plus riches qu'ils n'avaient été à leur départ d'Europe. Ils étaient sortis d'Antioche couverts de haillons, et ils y entrèrent vêtus de pourpre et d'or, emmenant avec eux des chevaux magnifiquement harnachés, des enseignes nombreuses et des dépouilles infinies.

Lors de leur rentrée, les trompettes retentirent, les prêtres chantèrent des cantiques d'actions de grâces, semant des fleurs et des palmes sur les pas des héros.

Les effets que produisit cette éclatante victoire furent prodigieux : les Musulmans la regardèrent comme un miracle, et plusieurs se rendirent aux Chrétiens pour embrasser la religion de Jésus-Christ. Ceux à qui l'on avait confié la défense de la citadelle, désespérant de se tenir plus longtemps dans cette forteresse, entrèrent en pourparler avec Raymond, et la rendirent le jour même de la bataille. Trois cents d'entre eux se convertirent au Christianisme, et si les Croisés eussent pu se décider à marcher sur-le-champ vers Jérusalem, cette ville aurait, selon toutes les apparences, ouvert ses portes aux vainqueurs.

Après la célèbre victoire d'Antioche, les croisés reprirent toutes les églises qu'avaient possédées les infidèles, et les restituèrent à la religion catholique. Ils s'emparèrent aussi des dépouilles des Sarrasins et ornèrent les temples avec un luxe vraiment prodigieux. Les principaux d'entre les chefs écrivirent ensuite une lettre à leurs frères d'Europe pour les engager à venir les rejoindre et marcher ensemble sur Jérusalem. Ils envoyèrent même une députation à l'empereur Alexis, pour lui rappeler sa promesse de les accompagner à la conquête de la Ville-Sainte. Mais cette ambassade n'eut point de succès; car le comte Baudoin de Hainaut, qui en faisait partie, fut attaqué par les Turcs dans les environs de Nicée, sans qu'on ait pu savoir ce qu'il devint. Le comte Hugues de Vermandois, apprenant le sort de son compagnon, eut le temps de se cacher dans les montagnes et rentra en Europe; mais il ne parla pas à Alexis et retourna dans sa patrie.

Comme il n'y avait alors plus rien à appréhender de la part des Turcs, les simples pèlerins prièrent les chefs de l'expédition de sortir d'Antioche pour marcher sur Jérusalem, mais ils n'y réussirent pas. Après tout ce que les croisés avaient souffert en Asie, craignant de s'exposer à de nouveaux revers pendant les chaleurs d'été, les princes prirent la résolution d'attendre à Antioche le retour de l'automne pour continuer leur entreprise. Cette résolution leur coûta bien cher. Une maladie épidémique se déclara tout à coup et fit de si terribles ravages, qu'on en vit mourir plus de cinquante mille dans un seul mois. Les pauvres surtout furent décimés par cet horrible fléau; mais plusieurs des chefs les plus distingués périrent aussi. Cependant la mort choisit une victime qui emporta dans la tombe l'estime et les regrets de tout le monde : le digne évêque Adhémar fut aussi enlevé et pleuré comme un père. On l'enterra dans l'église de Saint-Pierre, à Antioche, à l'endroit même où l'on avait découvert la lance.

Cette mort fut une perte réelle pour les croisés.

Cet homme avait rendu des services signalés à l'expédition, et tant qu'il vécut, il sut, par l'ascendant de ses vertus et de son noble caractère, maintenir l'union parmi les chefs; chose d'autant plus difficile, que, dans bien des esprits, des intérêts secondaires paraissaient alors remplacer l'intérêt principal de l'entreprise. Ce fut Adhémar qui présida à la purification des églises à Antioche. Ces infidèles en avaient converti les unes en écuries, appliqué d'autres à des usages indignes. Ils avaient effacé les saintes images, les couvrant de boue, leur arrachant les yeux, grattant les murailles sur lesquelles elles étaient peintes. Le patriarche grec Jean, qui, depuis l'arrivée des croisés, avait été mis aux fers, fut rétabli dans son siége avec honneur, et, de son vivant, on n'osa pas ordonner à Antioche de patriarche latin. Cependant, deux ans après, le patriarche grec, voyant qu'il ne pouvait pas utilement gouverner des chrétiens du rit latin, se retira à Constantinople. Le clergé et le peuple de la ville élurent ensuite pour patriarche Bernard, évêque d'Arta en Epire, qui avait suivi à la croisade l'évêque du Puy, en qualité de chapelain. La seigneurie temporelle d'Antioche resta à Bohémond.

La mort d'Adhémar, arrivée le 1er août 1098, priva les croisés du légat que le pape leur avait donné. Ils adressèrent donc à ce dernier une lettre pour lui annoncer cette perte, et le prièrent de venir lui-même se mettre à leur tête, dans la ville où le nom chrétien a commencé, et où saint Pierre avait établi sa première chaire.

« Nous avons, ajoutèrent-ils, vaincu les Turcs et les païens; c'est à vous à vaincre les hérétiques grecs, arméniens, syriens et jacobistes, et venir nous conduire à Jérusalem. »

Ils se plaignirent ensuite de ce qu'il accordait à quelques croisés la dispense de faire le voyage de Jérusalem, et lui apprirent la conduite de l'empereur Alexis, qui n'avait pas tenu les promesses qu'il leur avait faites. Cette lettre porte la date du onzième septembre. Le pape se contenta de leur envoyer un nouveau légat à la place du défunt : ce fut Daïmbert, archevêque de Pise.

« Quelques temps après, on révoqua en doute la vérité de la sainte lance, que l'on prétendait avoir été trouvée à Antioche : plusieurs prétendaient que c'était un artifice du comte de Toulouse et une invention interressée. Le principal auteur de ce soupçon était Arnoul, chapelain du duc de Normandie. Comme l'on disputait sur ce sujet, Pierre Barthélemi, qui prétendait avoir eu la révélation, demanda à se justifier par l'épreuve du feu. On alluma donc un bûcher terrible, et tout le peuple s'assembla à ce spectacle, le vendredi-saint, 8 avril 1099. Après avoit fait sa prière, il prit la sainte lance et passa par le feu, d'où le peuple crut qu'il était sorti sain et sauf; mais il mourut peu de jours après, quoiqu'il se portât très-bien avant cette épreuve. Quelques-uns attribuaient la cause de sa mort à l'empressement du peuple, qui s'était jeté sur lui en foule, au sortir du bûcher, par dévotion. Enfin cette épreuve fut inutile pour décider la question, et il demeura plus incertain qu'auparavant si la lance trouvée à Antioche était la même dont le côté de Jésus-Christ fut percé. »

En attendant le départ pour Jérusalem, plusieurs chefs des croisés firent excursions dans le pays, tant pour se procurer des vivres, que pour sortir d'une ville où la mort faisait toujours de nombreuses victimes, et pour visiter leurs compagnons qui s'étaient établis dans quelques cités conquises. Le temps s'écoula rapidement au milieu de ces entreprises qui détournaient les guerriers du but principal de leur voyage. L'époque fixée pour marcher sur Jérusalem était arrivée, et personne ne songeait à se mettre en campagne. D'abord on avait renoncé au départ immédiat, sous le prétexte d'éviter les chaleurs de l'été; à présent on redoutait les frimats, les pluies et les inconvénients de l'hiver.

Tout-à-coup le ciel parut lui-même s'intéresser à la cause si longtemps différée. Ces gens crédules, voyant au-dessus de la ville d'Antioche une lumière éclatante, formée sans doute par un amas d'étoiles, crièrent aussitôt au miracle, et virent dans cette clarté un phénomène extraordinaire, attestant la volonté de Dieu pour voler à la conquête de Jérusalem. Les plus raisonnables n'y virent qu'un signe annonçant la diminution des pèlerins qui disparaissaient comme le nuage qui avait paru sur la ville. Cette apparition produisit cependant un effet auquel on ne s'était pas attendu dans le principe; car, quelques semaines après, l'expédition prit la route de Jérusalem. Les chefs prirent la ville de Marrah, située entre Hamath et Alep, malgré la résistance opiniâtre des habitants. La population entière fut passée impitoyablement au fil de l'épée, pour la punir du courage qu'elle avait déployée contre les assiégeants. Cette exécution sanglante porta ses fruits. Tous les habitants ayant péri, la disette se fit sentir dans la ville, et les chroniqueurs rapportent que les chrétiens furent reduits à toutes les horreurs de la famine, et que quelques-uns firent rôtir les cadavres des Turcs mis à mort et en mangèrent.

Ici les mêmes scènes qui eurent lieu lors de la prise de possession d'Antioche se renouvelèrent : chaque prince voulait garder la ville conquise. Pendant qu'ils se disputaient, le bruit se répandit tout-à-coup que les Egyptiens, profitant de la défaite des Sarrasins-Turc sous les murs d'Antioche, s'étaient emparés de Jérusalem, conquête qu'il leur eût été impossible de faire si les croisés se fussent empressés de marcher contre cette cité. Cette nouvelle causa une vive sensation parmi les soldats, qui murmurèrent hautement et accusèrent leurs chefs de les sacrifier à leur ambition. Ces reproches s'adressèrent surtout à Raymond, qui voulait à toute force garder la ville de Marray comme sa conquête particulière. Le clergé fut obligé de s'interposer entre les mécontents et les princes ; et, pour ôter tout sujet de contestation ultérieure au sujet de cette dernière cité, il fut décidé qu'on en raserait les fortifications, ce qui fut exécuté sur-le-champ. On acheva la destruction de Marray, en mettant le feu aux bâtiments, de sorte qu'il ne resta plus rien de cette ville infortunée. Enfin on donna le signal du départ. La marche des Croisés fut d'abord très heureuse et ressemblait à un triomphe. Chrétiens et Sarrasins s'empressèrent de les saluer et de leur apporter des vivres. Une foule de prisonniers, qu'on avait cru enlevés par la mort, vinrent grossir la foule des pèlerins, ce qui augmenta leur joie.

Pendant le séjour de Godefroi à Laodicée, on vit arriver beaucoup de croisés d'Edesse et de la Cilicie, qui se joignirent aux autres, ainsi qu'une foule d'Européens ; parmi ces derniers se trouvaient des chevaliers anglais qui avaient quitté leur patrie après la conquête que Guillaume dit le Conquérant avait faite de la Grande-Bretagne.

Ils préféraient vouer leurs épées à la défense de la Terre-Sainte, n'espérant plus rien dans leur patrie.

Les Croisés entreprirent ensuite le siége d'Archas, ville construite sur des rochers fort élevés, sur lesquels étaient assis les remparts. Manquant d'instruments nécessaires pour livrer un assaut, ils se contentèrent de bloquer la ville et de réduire les assiégés par la famine. Mais la disette se fit bientôt sentir au camp même, et sévit d'une telle force que les Chrétiens se virent obligés à se nourrir de racines et de plantes sauvages. Ils trouvèrent quelques secours dans le ravage de la contrée voisine où ils enlevèrent tout ce qui pouvait leur convenir. Il en périt un grand nombre de faim et de diverses maladies, parmi lesquels l'histoire cite surtout Anselme de Ribaumont, seigneur aussi brave que pieux et instruit pour cette époque.

Pendant le siége d'Archas, l'empereur Alexis envoya une députation aux Croisés. Ce prince rusé, craignant leurs reproches d'avoir pris une fuite honteuse pendant le siége d'Antioche, et de ne les avoir pas encore secourus ainsi qu'il l'avait promis à Constantinople, fit entendre que, si on voulait lui accorder le temps nécessaire pour faire ses préparatifs, il se joindrait à eux pour faire la conquête de Jérusalem. Mais les Latins ne furent pas dupes de ces démonstrations d'amitié, et, pour toute réponse, ils exposèrent aux députés qu'ils ne pouvaient désormais plus compter sur l'assistance d'un monarque qui les avait déjà une fois si lâchement trahis, et qu'ils avaient pris la résolution de conquérir Jérusalem sans lui. Cette résolution ferme et motivée déplut singulièrement aux ambassadeurs, qui s'en retournèrent à Constantinople sans avoir réussi dans leur mission. Les Croisés avaient, depuis longtemps, appris à connaître la politique tortueuse d'Alexis, et surent encore, cette fois, réduire à leur juste valeur les promesses qu'il leur avait fait faire.

Mais il se présenta, quelques temps après, une nouvelle ambassade au camp. Le soudan d'Egypte, homme aussi adroit à tromper que l'empereur grec, leur adressa de même des députés. Celui-ci flattait en même temps les Turcs et les Chrétiens, dans l'espérance de les tromper tous; voyant que le parti des premiers avait singulièrement perdu du prestige qui l'environnait jusqu'alors, il essaya de gagner secrètement les derniers. Ces députés annoncèrent, au nom de leurs maître, que, loin de contrarier la piété des Chrétiens qui désiraient visiter le tombeau de leur divin Sauveur, le soudan était prêt à ouvrir les portes de Jérusalem à tous ceux qui s'y présenteraient sans armes.

— Nous ne voulons point de telles conditions, s'écrièrent ces vaillants Chrétiens, nos épées nous ouvriront les portes de la ville sainte, sans avoir recours à la clémence des infidèles.

Cet enthousiasme, comme un feu rapide, se communiqua à toute l'armée, et, sans la prudence des chefs, les soldats se seraient peut-être portés à quelques excès contre les députés égyptiens. On ne leur fit donc point de réponse, mais on hâta le moment du départ pour Jérusalem, faisant entendre aux ambassadeurs qu'on pourrait bien un jour aller visiter aussi les rives du Nil. On abandonna donc le siége d'Archas, au grand désappointement de Raymond, qui aurait voulu s'emparer de cette ville pour en faire un nouvel état soumis à sa domination. L'armée des Chrétiens ne comptait plus alors que cinquante mille combattants; les autres avaient péri ou dans les combats, ou par la famine, ou par les maladies, ou par suite des fatigues ; d'autres s'étaient établis dans plusieurs villes de la Sybérie. Mais, malgré la réduction de ce grand nombre de Croisés, ces derniers étaient plus forts qu'autrefois, débarrassés de cette multitude de bouches inutiles qui ne traînait après elle que le désordre et la disette. Ils emportèrent d'abord une victoire éclatante sur le sultan de Tripoli, qu'ils forcèrent à leur payer tribut et continuèrent ensuite leur marche sur Jérusalem.

Le mois de mai, si beau dans tous les pays, l'est surtout dans les contrées asiatiques. A l'époque où les Chrétiens traversaient la Syrie, la nature étalait partout le luxe de ses richesses naissantes. Les champs étaient couverts de moissons déjà jaunies, les arbres chargés de fruits, les collines verdoyantes nourrissaient de nombreux troupeaux, tout annonçait une région fertile, et ce contraste avec d'autres pays récréait singulièrement les Européens, surtout ceux du nord, habitués à un climat brumeux. Mais ce qui les réjouit singulièrement, ce fut l'aspect du mont Liban, si célèbre dans les saintes écritures, et sur lequel croissaient les fameux cèdres. La vue de ces choses nouvelles, la variété du paysage, la fécondité du sol, les bonnes dispositions des habitants, l'abondance des vivres, tout enfin contribuait à rendre agréable la marche des Croisés, qui trouvèrent sur les rivages de Phénicie la canne à sucre dont ils surent bientôt apprécier les bienfaits. L'armée suivit les bords de la mer dans l'espérance d'être approvisionnée par les négociants européens. Elle fut chaque jour visitée par des chrétiens et des anachorètes de la contrée, qui non-seulement leur apportaient des vivres frais, mais s'offraient à leur servir de guides et d'interprètes.

A mesure que les Croisés s'approchaient du terme de leur voyage, ils retracèrent dans leur conduite toutes les vertus chrétiennes. L'union la plus parfaite régnait entre eux. On remarquait une certaine abnégation d'eux-mêmes, une grande sobriété, une patience à toute épreuve et cet esprit de charité si vivement recommandé par l'Evangile. Au son des trompettes succéda le chant des psaumes, puis le clergé récitait des prières, relevait par de fréquentes exhortations le courage des soldats et leur rappelait leurs devoirs.

L'armée à Tyr et Sidon fut assaillie, près du fleuve Eleutère, par de nombreux serpents, dont le venin était mortel ; elle traversa ensuite les belles campagnes de Ptolémaïs, cotoya le mont Carmel et l'étang de Césarée, franchit les plaines voisines d'Ephraïm et de Diospolis, s'empara de Rama, patrie du prophète Samuël, et arriva enfin à Emmaüs, des hauteurs duquel endroit ils découvrent enfin les tours de Jérusalem.

Les Chrétiens, attendris, s'inclinèrent avec un saint respect ; s'agenouillèrent, se découvrirent la tête, se frappèrent la poitrine, en s'écriant : *Dieu le veut ! Dieu le veut !*

La ville de Jérusalem, que les conquérants se disputaient à l'envi, était alors une forteresse imposante, et les Egyptiens, qui venaient de s'en rendre maîtres, étaient encore occupés à ses moyens de défense. Elle renfermait une garnison de quarante mille hommes ; les habitants, au nombre de vingt mille, se préparaient aussi à la défendre. Pour première précaution, le lieutenant du soudan d'Egypte employa une de ces manières perfides et dignes d'un barbares ; il fit empoisonner et combler toutes les citernes qui se trouvaient dans les environs, afin de priver les Chrétiens de l'eau nécessaire à leur usage. Ensuite il fit saccager les environs et transporter dans la ville toutes les provisions, pour ne rien laisser subsister qui dût convenir aux assiégeants.

A l'arrivée de ces derniers, les Egyptiens étaient encore occupés à creuser de larges et profonds fossés autour de la ville ; les remparts furent garnis de quartiers de rochers, de poutres et d'autres projectiles, et sur les tours se placèrent de vaillants défenseurs. Pour entretenir le fanatisme des soldats, Iftikar Edaulay, le commandant, ordonna aux Incans de parcourir fréquemment les rues et les places publiques, et de les exhorter au courage, leur promettant de grandes récompenses au ciel pour prix de leur persévérances à défendre la loi de Mahomet, que les Chrétiens voulaient proscrire de cette ville, comme il l'avaient déjà fait de plusieurs autres où la croix avait remplacé le croissant.

Le lendemain de leur arrivée, les Chrétiens prirent les mesures les plus indispensables pour assiéger la ville. Godefroi de Bouillon, le comte de Normandie et le comte de Flandre établirent leur quartier sur une esplanade, à l'ombre des oliviers, du côté nord de Jérusalem. Tancrède dressa des tentes à la droite de ces trois chefs ; ensuite venait le comte de Toulouse, qui occupa les hauteurs appelées depuis du nom de Saint-Georges, mais comme cette position l'éloignait trop du centre des opérations, il changea de direction et planta une partie de ses pavillons au côté méridional de la cité, sur la montagne de Sion, qui, à cette époque, n'était pas renfermée dans l'enceinte des murs de Jérusalem.

Les dispositions nécessitées par les accidents du terrain offraient le double désavantage de n'investir que la moitié de la ville, et d'exposer les chrétiens aux traits que les musulmans pouvaient lancer sur eux du haut des remparts. Pour plus de sureté, les assiégeants établirent donc un camp de surveillance sur le mont des Oliviers.

Jérusalem n'était alors célèbre que par les souvenirs religieux qui s'y attachaient ; car elle n'était plus qu'une ombre de ce qu'elle fut autrefois du temps de ses rois. Quelques cloches d'églises chrétiennes, mais de plus nombreux minarets de mosquées turques, élevaient leurs flèches du milieu de ces maisons blanches, qui, de loin, ressemblaient à de petites forteresses, sans fenêtres dans les rues, et presque toutes construites sur le même modèle. Mais les environs offraient un plus vaste champ à la piété des chrétiens ; et quoique la nature y parût dépouillée, cependant chaque vallée, chaque rocher, chaque ruisseau avait son nom et rappelait de touchants souvenirs. Chaque pas que faisaient les Croisés retraçait à leur imagination Jésus-Christ foulant ce même sol qu'ils avaient le bonheur de fouler alors. Il leur semblait voir le Sauveur, allant de bourgade en bourgade, annonçant la doctrine du salut, guérissant les malades, prédisant à un peuple ingrat et volage les malheurs qui l'attendaient, et formant ses disciples à devenir plus tard les docteurs des nations et à semer la doctrine évangélique à la place de la hideuse idolâtrie. Quelquefois aussi ils évoquaient l'ombre des prophètes ; ils chantaient ces sublimes et poétiques lamentations de Jérémie, et, au lieu de faire vibrer les cordes du cistre et du psaltérion, ils frappaient de leurs épées sur leurs boucliers, comme pour annoncer qu'ils étaient venus pour venger leurs frères persécutés pour la même doctrine que les voyants d'Israël entrevirent et qu'ils prophétisèrent à la terre. Toutes ces considérations, si propres à enflammer et à soutenir l'enthousiasme des Croisés, furent encore rehaussées par l'arrivée au camp d'une multitude de Chrétiens, que les Egyptiens, dans la prévision d'un siége, avaient expulsés de la ville sainte, de crainte qu'ils ne leur soulevassent des obstacles. Ces malheureux, errants d'abord sans asile, en attendant leurs libérateurs, s'étaient réfugiés auprès de leurs frères chrétiens, répandus dans la Palestine. A mesure qu'ils arrivèrent au camp, ils exposèrent les vexations sans nombre qu'ils avaient subies, ils peignirent l'effroi de leurs femmes et de leurs enfants retenus en otages dans la ville; ils racontèrent que le patriarche Siméon avait été obligé de se réfugier dans l'île de Chypre; que les deux trésors des églises chrétiennes avaient été pillés, que plusieurs fois même les Musulmans avaient voulu incendier l'église de la Résurrection, qui renfermait le tombeau de Jésus-Christ.

Le récit de toutes ces atrocités fit une profonde et pénible impression sur les soldats chrétiens, qui brûlaient du désir de mettre un prompt terme au règne des musulmans. Les chefs, qui surent entretenir cette ardeur, et qui désirèrent éviter les inconvénients d'un long siége, furent merveilleusement secondés par un pieux solitaire, vivant depuis longtemps sur le mont des Oliviers, et qui les engagea vivement à livrer un assaut à la ville. L'assaut fut donc résolu: on s'y prépara de son mieux, quoiqu'on ne possédât ni machines de guerre, ni échelles propres à escalader les murailles; on comptait sur le secours des épées et sur cette valeur indomptable qui avait opéré tant de prodiges dans cent autres occasions; mais la valeur ne put pas remplacer le manque d'instruments nécessaires à assurer le succès de cette entreprise. Cependant l'armée ne balança pas et se précipita en phalanges serrées sur les remparts. Couverts de leurs boucliers, les uns se mettent à saper les murailles à coups de marteaux et de pique ; les autres lancent des traits sur les remparts pour écarter les assiégés, accourus à la défense de la cité menacée. Mais ce premier effort des assiegeants fut impuissant : les Turcs firent pleuvoir sur eux de l'huile, de la poix bouillante, des quartiers de rochers, des poutres et d'autres objets qui portèrent la mort parmi les chrétiens. Ceux-ci n'en continuent pas moins l'entreprise, et font une large brèche au premier mur d'enceinte ; mais ils en rencontrent un second qui leur oppose une barrière invincible. Malheureusement ils n'ont qu'une échelle, qu'ils dressent sur ce second rempart ; une foule de braves y veulent monter : quelques-uns y réussissent ; mais ils sont repoussés et forcés de renoncer à cette entreprise téméraire. Reconnaissant eux-mêmes l'insuffisance de leurs moyens d'attaque, ils rentrent dans le camp, mécontents mais non découragés, et se promettent de reprendre bientôt leur revanche.

Mais une nouvelle difficulté se présenta. Ils n'avaient point de bois pour la construction des machines nécessaires. Pour remédier à ce mal, ils démolirent quelques maisons des environs, ainsi que les églises que les Egyptiens avaient épargnées pour en employer le bois à la construction des machines. Un nouvel ennemi vint encore ajouter à la lenteur qu'éprouvaient déjà les travaux du siége. Les chrétiens manquaient d'eau : les fontaines et le torrent de Cédron étaient desséchés, et toutes les horreurs de la soif se firent bientôt sentir. A peine purent-ils se procurer l'eau nécessaire, étant obligés de s'exposer

plusieurs fois à être massacrés par les ennemis, bien qu
les chrétiens des environs leur en apportassent dans des
outres; cette eau était mauvaise et occasionait des maladies. On prétend même qu'il s'y trouvait des sangsues et
des vers qui s'attachaient à la gorge des personnes qui en
buvaient et causaient de violentes hémorragies, dont moururent beaucoup de pèlerins. Les chaleurs si fortes de la
Syrie énervèrent ces guerriers, naguère si robustes, et, à
les voir couchés sans énergie dans leurs tentes, on aurait eu
de la peine à reconnaître les vainqueurs de Gorgoni et
d'Antioche. Ils ne purent concevoir que le Seigneur les
abandonnât ainsi sous un ciel brûlant, et à la vue de Jérusalem. Alors les prêtres, qui ne souffraient pas moins que
les autres, cherchèrent à relever leur courage, leur promettant des secours du ciel en leur faisant voir une protection marquée du Seigneur dans la torpeur même des assiégés, qui ne songeaient nullement à inquiéter les croisés
par des sorties. Car, au rapport de tous les historiens qui
parlent de ce siége, c'en eût été fait des chrétiens, si les
infidèles eussent attaqué le camp. Mais ces derniers préféraient réserver leurs forces pour repousser les assauts,
connaissant la rare intrépidité dont les Croisés avaient si
souvent fait preuve.

Enfin la face des choses changea. Une flotte génoise venait de mouiller au port de Joppé, apportant des vivres et
toutes sortes de munitions. On peut facilement concevoir
la joie que l'arrivée de ce secours inattendu répandit parmi
les chrétiens. Aussitôt une troupe de trois cents soldats
d'élite, commandée par des chefs distingués, partit pour
cette ville, mais n'y pénétra qu'après avoir dispersé un
corps ennemi, qui lui en disputait l'entrée. Quoique les

vaisseaux génois eussent été incendiés par les infidèles, les chrétiens eurent le temps d'en retirer d'abord les provisions et les machines de guerre ; mais ce qui fut surtout d'un puissant secours, ce fut l'arrivée de charpentiers et d'ingénieurs italiens qui s'entendaient aux travaux des siéges et à la construction des machines. Ce convoi, qui allait décider du sort de Jérusalem, fut attaqué à plusieurs reprises par les Turcs, qui ne purent cependant s'en rendre maîtres.

Il s'agissait alors de se procurer du bois, et les chrétiens allèrent en chercher dans une forêt assez éloignée, et le firent traîner au camp par des chameaux et des ânes. Dès lors tout prit un nouvel aspect. Le camp retentissait du matin au soir du bruit des haches, des cris de la scie, des coups du marteau, et bientôt on vit s'élever des tours, des béliers, des catapultes, des ponts Les préparatifs furent poussés avec une grande activité, et les assiégés virent avec surprise que ces remparts, qui jusqu'alors avaient bravé le courage des croisés, étaient menacés de leur échapper. La tenue des chrétiens pendant l'exécution de ces travaux était admirable : personne ne se plaignait plus, parce qu'on était soutenu par l'espoir d'arriver bientôt au terme des maux passagers qu'on endurait ; d'ailleurs le sentiment religieux prédominant dans tous les cœurs, comment leur eût-il permis de proférer des plaintes aux lieux où le Sauveur des hommes avait été flagellé, couronné d'épines, attaché à la croix, n'ayant pour étancher sa soif que du fiel et du vinaigre !

Ce sentiment fut sans cesse nourri par les exhortations du clergé, qui s'efforçait de tout son pouvoir pour maintenir l'union et la concorde entre les soldats. Sur la recommandation du solitaire du mont des Oliviers, les évêques indiquèrent un jeûne de trois jours, après lequel les croisés firent une procession autour de la ville sainte. On les vit portant leurs armes, leurs pieds nus, la tête découverte, faire le tour de la cité, enseignes déployées, timbales retentissantes, chantant des cantiques, récitant des prières pour attirer les bénédictions du ciel sur leurs travaux. Ils s'arrêtèrent à l'endroit où le Sauveur des hommes monta au ciel : là, le chapelain du duc de Normandie leur adressa un discours touchant pour les exhorter à la patience, à la persévérance, à l'oubli des injures, et l'effet qu'il produisit fut tel que Raymond et Tancrède, qui avaient eu des différents ensemble, se réconcilièrent devant toute l'armée et se donnèrent le baiser de paix.

Pendant cet acte religieux, les infidèles, postés sur les remparts, se livraient à d'indignes insultes contre le culte des chrétiens, agitaient en l'air des croix qu'ils outrageaient ensuite, poussaient des cris comme pour imiter le chant sacré, et se raillaient des cérémonies chrétiennes. Pierre l'Ermite, ne pouvant contenir son indignation profita de ce moment pour stimuler l'ardeur des chrétiens et leur dit :

« Vous entendez les menaces et les blasphêmes des ennemis du vrai Dieu : jurez de défendre Jésus-Christ persécuté, crucifié une seconde fois par les infidèles. Vous le voyez qui expire de nouveau sur le Calvaire, pour racheter vos péchés. »

A ces mots, le cénobite est interrompu par des gémissements et des cris d'indignation. Toute l'armée brûle de venger les outrages du fils de Dieu.

« Oui, j'en jure par votre piété, poursuit l'orateur,

j'en jure par nos armes, le règne des impies touche à son terme. L'armée du Seigneur n'a plus qu'à paraître, et tout ce vain amas de Musulmans se dissipera comme l'ombre. Aujourdh'ui encore pleins d'orgueil et d'insolence, demain vous les verrez saisis de terreur, et, sur ce Calvaire où vous allez monter à l'assaut, ils seront devant vous comme ces gardiens du Sépulcre qui sentirent leurs armes s'échapper de leurs mains, et tombèrent morts de frayeur lorsqu'un tremblement de terre annonça la présence d'un Dieu ressuscité. Encore quelques moments, et ces murailles, trop longtemps l'abri du peuple infidèle, deviendront la demeure des chrétiens ; ces mosquées, qui s'élèvent sur des ruines chrétiennes, serviront de temple au vrai Dieu, et Jérusalem n'entendra plus que les louanges du Seigneur. »

Ces paroles provoquent le plus vif enthousiasme parmi les chrétiens. Pierre a retrouvé dans ce moment l'énergie de son éloquence entraînante et passionnée ; il est redevenu l'homme du peuple ; il efface le souvenir de son ancienne pusillanimité ; il triomphe déjà en esprit de ces ennemis pour l'extirpation desquels il ébranla, quelques années auparavant, l'Europe entière.

Ce fut sous l'inspiration de ce discours que les Croisés descendirent du mont des Oliviers et regagnèrent leurs tentes, ne doutant plus du succès de leur entreprise. A l'aspect des machines formidables qui étaient là, attendant le moment décisif, leur courage redouble, leurs forces semblent plus grandes ; leur ardeur impatiente diminue les dangers dont ils espèrent triompher sous peu, et, pleins de confiance, ils vont se reposer sous leurs pavillons.

Cette nuit, le sommeil n'eut point d'attraits pour les Croisés. Presque tous les pèlerins s'agenouillent dans leurs tentes et font monter au ciel l'encens de leurs supplications ; les soldats et leurs chefs vont purifier leurs âmes par une confession sincère, et reçoivent ensuite le pain des forts, le corps et le sang de celui dont ils allaient délivrer la tombe.

Le silence le plus profond régnait au camp et dans la ville ; car les assiégés, qui s'attendaient à voir frapper le coup décisif, employaient les mêmes armes que les chrétiens, et se rendaient dans leurs mosquées pour implorer la protection de Mahomet, disposés à tout pour rester en possession d'une ville à la conservation de laquelle ils attachaient tant de gloire.

Les nombreux prêtres chrétiens pouvaient à peine suffire pour remplir les fonctions de leur saint ministère, tant était grand l'empressement des fidèles soldats à se préparer dignement à l'attaque de la place. Plusieurs autels avaient été érigés dans le camp, et le saint sacrifice de la messe, célébré avec tant de foi et de recueillement, paraissait acquérir plus de prix encore, étant offert à l'endroit même où il fut institué par le grand-prêtre de la nouvelle alliance.

Cette attaque, l'objet de tant de désirs, fut différée jusqu'au troisième jour, à cause des préparatifs qu'exigeait cette entreprise. Godefroy de Bouillon changea son camp et le plaça du côté de l'orient, où le terrain se prêtait mieux et où le rempart était plus bas. Les tours et plusieurs autres machines furent démontées et replacées ensuite dans ce nouveau camp dans l'espace de quelques heures. Le duc de Normandie se rapprocha un peu de

Godefroy, et le comte de Toulouse fut chargé de l'attaque du côté du midi.

Ce fut le jeudi 14 juillet 1099, au point du jour, que les Chrétiens volèrent aux armes. Voici comment un auteur allemand raconte cet assaut :

« Les Chrétiens mirent d'abord toutes leurs machines de guerre en mouvement pour lancer les flèches et de grosses pierres contre les murailles ; mais la force des projectiles vint s'amortir contre les sacs remplis de paille, contre les claies et objets semblables que les assiégés avaient suspendus au-devant des murs pour les garantir. A cette vue, les Croisés, devenant plus hardis, comme si le courage personnel pouvait seul décider de la victoire, s'élancèrent contre les murs ; ils furent écrasés sous une pluie de pierres et de poutres ; et des flèches enflammées incendièrent leurs instruments de guerre ; des vases remplis de soufre et d'huile bouillante, précipités dans les flammes, en augmentèrent la violence.

» Les Chrétiens, à force d'y jeter de l'eau et par des efforts de toute espèce, parvinrent non pas à repousser le danger, mais à peine à le contenir. C'est ainsi que le premier jour s'écoula sans amener aucun résultat. Une seule chose inspira de la confiance aux Chrétiens. Les Sarrasins, malgré tous leurs efforts, n'avaient pu endommager une croix bénite qu'on avait érigée sur la tour de Godefroy de Bouillon. On passa la nuit de part et d'autre dans la crainte d'une surprise ; tous les postes furent doublés. Cependant, après une pareille lutte et dans l'attente de plus grands exploits, il ne fut guère possible de se livrer à un sommeil calme et réparateur.

« Aussi le combat se renouvela, au point du jour, plus

violent que la veille ; les Chrétiens étaient exaspérés de voir leur premier espoir déçu, et les Sarrasins prévoyaient le sort qui les attendait après la prise de Jérusalem. Les assiégés fixèrent autour d'une poutre, au moyen de clous et de crochets de fer, de l'étoupe, et d'autres matières inflammables ; après les avoir imprégnés de poix, de cire et d'huile, ils y mirent le feu à plusieurs endroits à la fois, et lancèrent la poutre avec des peines infinies contre la tour du duc de Lorraine. Les Chrétiens firent tous leurs efforts pour l'enlever, mais en vain ; car les assiégés la retenaient par le milieu avec une forte chaîne.

» Dès-lors tout l'espoir se réduisait à éteindre les flammes qui s'étendaient violemment dans tous les sens et menaçaient de détruire les machines des Croisés. Mais l'eau demeura impuissante contre les flammes, et ce ne fut qu'au moyen de vinaigre, qu'on avait heureusement préparé pour de pareils cas, que l'incendie fut comprimé.

» Le combat avait déjà duré depuis sept heures, et les Chrétiens se retirèrent en grand nombre, accablés de fatigue. Le duc de Normandie et le comte de Flandre ne s'attendaient plus à une heureuse issue, et conseillaient de remettre le combat au lendemain. Le duc de Lorraine ne retenait qu'avec peine ses hommes sous le drapeau, et les assiégés se réjouissaient déjà de leur délivrance. Voilà qu'il apparut sur le mont des Oliviers un chevalier armé d'un bouclier éclatant, et qui du geste montrait la ville.

» — Voyez-vous, s'écria le duc, voyez-vous le signe céleste ? Douterons-nous de l'assistance de Dieu ?

» A ces paroles tous se précipitèrent de nouveau en avant ; les femmes mêmes prirent les armes pour se sacrifier en partageant les dangers. Au même instant les pierriers des Francs lancèrent d'une force terrible d'immenses quartiers de roches par dessus les murailles ; les assiégés, voyant que tous leurs moyens de défense devenaient insuffisants, eurent recours à la magie ; mais une pierre tua les deux magiciennes qu'on avait amenées, ainsi que trois jeunes filles qui les accompagnaient. Les Croisés y virent une seconde preuve de la protection divine.

» Dans l'espace d'une heure, le mur extérieur fut rompu, le sol aplani et la tour du duc de Lorraine rapprochée du mur extérieur. Les sacs, les poutres, la paille, le clayonnage et tout ce que les assiégés avaient suspendus au-devant de la muraille, furent livrés aux flammes ; le vent du nord poussa avec violence le feu et la fumée contre la ville, et les défenseurs s'enfuirent tous, éblouis et à moitié suffoqués. Les Croisés abattirent avec une étonnante rapidité le pont-levis de la tour et l'étayèrent de fortes poutres. Deux frères de Flandre, Ludolf et Engelbert, sortis de l'étage du milieu, mirent, les premiers, le pied sur la muraille ; ils furent suivis du duc de Godefroy et de son frère Eustache, qui s'étaient hâtés de descendre de l'étage supérieur et puis d'une foule de chevaliers et de soldats. On enfonça aussitôt la porte Saint-Etienne, et, aux cris de : « Dieu le veut, Dieu nous aide ! » les Chrétiens se précipitent en flots tumultueux et irrésistibles dans les rues de la ville sainte.

Pendant que les Croisés pénétraient d'un côté de la cité, le bruit se répandit dans l'armée que l'évêque Adhémar et plusieurs autres Croisés étaient ressuscités d'entre les morts et venaient de planter les drapeaux de la croix sur les tours de la ville. Ce bruit ranima le courage des assaillants. Tancrède et plusieurs autres chefs profitèrent de l'enthousiasme que cette nouvelle fit naître pour forcer le rempart. Les uns appliquèrent des échelles à la muraille, d'autres s'élancèrent du haut des tours de bois sur le mur que les Turcs, pressés de toutes parts, n'eurent pas le courage de défendre. Alors rien ne fut plus capable de résister aux vainqueurs. Tel un torrent impétueux, après avoir rompu la digue qui retenait longtemps ses flots tumultueux, se jouant enfin de tous les obstacles, se précipite en mugissant sur la plaine, qu'il inonde et change tout à coup en un vaste étang.

Ce fut en vain que les Egyptiens essayèrent de se rallier pour arrêter le triomphe des Chrétiens, ils furent dispersés et trouvèrent eux-mêmes la mort qu'ils voulaient donner aux autres. Alors la rage des Croisés ne connut pas de bornes. Le massacre devint général; la longue résistance qu'ils avaient éprouvée, les insultes, les blasphèmes, les railleries indignes des infidèles avaient éteint tout sentiment de commisération dans le cœur des vainqueurs; ils punirent l'insolence de leurs ennemis impuissants en faisant passer au fil de l'épée tout ce qui se présenta devant eux, en amoncelant les cadavres autour d'eux. Les mosquées, dans lesquelles s'étaient réfugiés beaucoup de Sarrasins, ne purent les dérober aux coups de la mort; ni âge, ni sexe ne trouvèrent grâce, tout fut confondu dans une proscription générale, tout fut voué à l'anathême.

Une chose digne de remarque, c'est que la ville de Jérusalem fut prise un vendredi, à trois heures après-midi, jour et heure où le Sauveur des hommes expira sur la croix. Ce rapprochement, auquel les Croisés ne firent probablement pas attention au moment même du tumulte, ne produisit alors aucune impression sur eux, ce ne fut que plus tard qu'ils crurent devoir y reconnaître un signe manifeste de la volonté divine.

Mais un spectacle touchant vint tout à coup succéder à l'horrible confusion qui régnait partout. Les Chrétiens qui étaient restés dans Jérusalem n'eurent pas plutôt reconnu Pierre l'Ermite que, sortant de leurs demeures, ils allèrent se jeter à ses pieds, le nommèrent leur libérateur, pressèrent ses mains contre leurs cœurs, et lui donnèrent toutes les marques de vénération et de reconnaissance. Ils allèrent jusqu'à lui adresser des cantiques et ne semblèrent faire attention qu'à lui seul. Ils lui exposèrent ensuite tout ce qu'ils avaient souffert depuis le moment où il avait apparu pour la première fois au milieu d'eux, et les vexations auxquelles ils furent en proie depuis que le bruit s'était répandu que les Chrétiens de l'Occident allaient faire le voyage de la Palestine et secourir leurs frères de l'Orient.

Le sang coulait encore dans quelques quartiers de la ville, lorsque Godefroy de Bouillon donna à l'armée un bien bel exemple et que tout le monde s'empressa aussitôt d'imiter. S'étant dépouillé de ses armes et de sa chaussure, il alla, nu-pieds et suivi à peine de trois de ses domestiques, à l'église du Saint-Sépulcre pour y adorer Jésus-Christ et le remercier de la grande victoire qu'il venait d'accorder aux soldats de la croix. Là, prosterné devant le tombeau de l'Homme-Dieu, ce pieux guerrier répandit de douces larmes au souvenir des grâces que le Seigneur lui avait faites en le rendant digne de coopérer à ce grand acte.

Bientôt le bruit de cette démarche, dictée par la piété

et la reconnaissance, se répandit par la ville. Aussitôt les autres Croisés, mus par le même sentiment, quittèrent leurs armes et leurs habits couverts de sang et de poussière, et se rendirent, sous la conduite du clergé, au même temple pour y prier. Tout à coup un silence magique succéda au tumulte de la guerre. Quelques moments auparavant, les Croisés étaient des lions indomptables, ne respirant que sang et carnage, et maintenant ce sont des agneaux timides, se livrant aux émotions les plus douces et se confondant devant le tombeau du Dieu d'amour dont ils implorent la miséricorde. Ce contraste fut si frappant, qu'on eut de la peine à reconnaître les mêmes hommes dans ces pèlerins si vaillants et pourtant si humbles. Cette fureur d'exterminer les Musulmans vaincus, que la religion et l'humanité condamnent, fut inspirée par la politique ; car, comme on avait la certitude de l'arrivée de l'armée égyptienne, les chefs chrétiens crurent qu'il serait imprudent de garder des prisonniers dans un pays dont la conquête n'était pas encore bien assise, et ils ne voulurent pas non plus renvoyer libres les défenseurs de la ville sainte, dans la crainte d'avoir à les combattre de nouveau, puisqu'ils pouvaient se joindre à ceux que le soudan d'Égypte envoyait contre les Croisés.

Tancrède, qui essaya de sauver trois cents malheureux Turcs, qui avaient cherché un asile sur la plate-forme de la principale mosquée, ne put y réussir, quoiqu'il les eût pris sous sa protection. Ceux, au contraire, qui s'étaient réfugiés dans la forteresse de David échappèrent au carnage ; le comte de Toulouse leur sauva la vie ; mais on prétend qu'ils lui en payèrent le prix par une forte rançon.

Jérusalem était remplie d'un amas de cadavres dont l'aspect était révoltant, puisqu'on porte le nombre des victimes à plus de soixante-dix mille, parmi lesquelles se trouvait aussi un bon nombre de Juifs. On commit la barbarie de mettre le feu à la synagogue où ces infortunés s'étaient renfermés, et ils périrent au milieu des flammes.

Lorsqu'enfin, après huit jours de carnage, on fut rassasié de faire couler le sang, on s'occupa des moyens de purger la ville des monceaux de cadavres. On employa à ces œuvres quelques prisonniers égyptiens qui s'étaient soustraits à la mort; les soldats du comte de Toulouse, attirés par l'espoir de faire du butin, s'y prêtèrent aussi, et, de cette manière, la ville fut nettoyée, et présenta bientôt un autre aspect.

Avant de livrer l'assaut à la ville, les chefs des Croisés étaient convaincus entre eux que chacun resterait maître de l'édifice qu'il aurait conquis, et qu'il y placerait son bouclier ou un signe quelconque, pour faire reconnaître sa possession, ce qui fut suivi tant par les princes que par les soldats, et de cette manière l'ordre fut maintenu dans la ville conquise. Tancrède, qui s'était rendu maître de la célèbre mosquée d'Omar, en retira des richesses incomparables, qu'il partagea avec Godefroy de Bouillon, et qui consistaient en ornements, flambeaux, candelabres, plats, etc., d'or et d'argent. Les pauvres ne furent pas oublié dans ce partage, et reçurent une partie de ces biens dont on affecta aussi une forte somme à la décoration des églises.

Mais un autre trésor bien plus précieux vint aussi frapper les regards des Chrétiens; ce fut la découverte de la vraie Croix, et que les catholiques, renfermés dans Jérusalem pendant le siége, avaient eu soin de cacher. Il serait impossible de retracer le bonheur et la joie qu'éprouvèrent les Croisés à l'aspect de ce bois sacré sur lequel le Sauveur des hommes avait terminé sa vie pour le salut du monde. On fit une procession générale, pendant laquelle elle fut portée en triomphe, par les rues de la ville sainte, et replacée ensuite dans l'église de la Résurrection.

Huit jours après la conquête, les seigneurs s'assemblèrent, pour choisir l'un d'entre eux qui fût roi de la ville et du pays. Comme ils étaient enfermés pour délibérer, quelques-uns du clergé demandèrent à entrer et leur dirent : « Le spirituel doit aller devant le temporel, c'est pourquoi nous croyons que l'on doit élire un patriarche, avant que d'élire un roi; autrement nous déclarons nul tout ce que vous ferez sans notre consentement. » Le chef de ces clercs était l'évêque de Mortorane, en Calabre, appuyé d'Arnoul, chapelain du duc de Normandie, qu'il voulait faire patriarche.

Les chefs continuèrent à s'occuper de ce choix, et le comte de Flandre se leva et dit à l'assemblée :

« Mes frères et mes compagnons, nous sommes réunis pour traiter une affaire de la plus haute importance. Nous n'eûmes jamais plus besoin des conseils de la sagesse et des inspirations du ciel. Dans les temps ordinaires, on désire toujours que l'autorité soit aux mains du plus habile : à plus forte raison devons-nous chercher le plus digne pour gouverner ce royaume qui est en grande partie au pouvoir des Barbares. Déjà nous avons appris que les Egyptiens menacent cette ville à laquelle nous allons choisir un maître. La plupart des guerriers qui ont pris les armes sont impatients de retourner dans leur patrie, et vont abandonner à d'autres le soin de défendre leurs conquêtes. Le peuple nouveau qui doit habiter cette ville n'aura point dans son voisinage des peuples chrétiens qui puissent le secourir et le consoler dans ses disgrâces. Les ennemis sont près de lui, ses alliés sont au-delà des mers. Le roi que nous lui aurons donné sera son seul appui au milieu des périls qui l'environnent. Il faut donc que celui qui est appelé à gouverner ce pays ait toutes les qualités nécessaires pour s'y maintenir avec gloire; il faut qu'il unisse à la bravoure naturelle aux Francs, la tempérance, la foi et l'humilité; car l'histoire nous apprend que : *C'est en vain qu'on a triomphé par les armes si on ne confie les fruits de la victoire à la sagesse et à la vertu.*

» N'oublions point, mes frères et mes compagnons, qu'il s'agit moins aujourd'hui de donner un roi qu'un fidèle gardien au royaume de Jérusalem. Celui que nous prendrons pour chef doit servir de père à tous ceux qui renonceront à leur patrie et à leurs familles, pour le service de Jésus-Christ et à la défense des lieux saints. Il doit faire fleurir la vertu sur cette terre où Dieu lui-même en avait donné le modèle; il doit convertir les infidèles à la religion chrétienne, les accoutumer à nos mœurs, leur faire bénir nos lois. Si vous venez à élire celui qui n'en est pas digne, vous détruirez votre propre ouvrage, et vous amènerez la ruine du nom chrétien dans ce pays. Je n'ai pas besoin de vous rappeler les exploits et les travaux qui nous ont mis en possession de ce territoire : je n'ai pas besoin de vous redire ici les vœux les plus chers de nos frères qui sont restés en Occident. Quelle serait leur désolation, quelle serait la nôtre, si, de retour en Europe, nous entendions dire que le bien public a été trahi et négligé, la religion abolie dans ces lieux où nous avons relevé ses autels ! Plusieurs alors ne manqueraient pas d'attribuer à la fortune, et non à la vertu les grandes choses que nous avons faites, tandis que les maux qu'éprouverait ce royaume passeraient aux yeux des hommes pour être le fruit de notre imprudence.

» Ne croyez cependant pas, mes frères et mes compagnons, que je parle ainsi parce que j'ambitionne la royauté, et que je cherche votre faveur et vos bonnes grâces. Non, je n'ai point tant de présomption que d'aspirer à un tel honneur ; je prends le ciel et les hommes à témoins que, lors même que vous voudriez me donner la couronne, je ne l'accepterais point, étant résolu de retourner dans mes états. Ce que je viens de vous dire n'est que pour l'utilité et la gloire de tous. Je vous supplie, au reste, de recevoir ce conseil comme je vous le donne, avec affection, franchise et loyauté, et d'élire celui qui, par la vertu, sera le plus capable de conserver et d'étendre ce royaume auquel sont attachés l'honneur de vos armes et la cause de Jésus-Christ. »

Ce discours fut couvert d'applaudissements : toute l'assemblée y vit une preuve de la haute sagesse et des nobles sentiments du comte de Flandre ; peu s'en fallut qu'on ne le proclamât roi de Jérusalem ; mais comme il avait déclaré ne pas vouloir accepter la couronne, on ne la lui proposa point. Le choix tomba sur quatre autres candidats, Godefroy de Bouillon, Raymond, comte de Toulouse, et Saint-Gilles, Robert, duc de Normandie, et le brave Tancrède.

Le comte de Toulouse, qui avait fait le serment de ne

plus retourner en Europe, parut un homme trop ambitieux et fut éliminé. Robert, duc de Normandie, ne montra point d'ambition ; n'ayant pas même voulu de la couronne d'Angleterre, comment aurait-il pu accepter celle d'un royaume conquis ? Tancrède n'était nullement sensible à la gloire d'administrer un royaume, et s'estimait trop heureux de son titre de chevalier pour en rechercher un autre ; Godefroy parut donc le seul qui pût être choisi convenablement. Mais, pour mettre dans ce choix toute la sagesse et la maturité nécessaires, les chefs prièrent le clergé de prescrire des prières publiques, des jeûnes, firent des aumônes afin d'intéresser le ciel à cette grave affaire. On décida qu'un conseil composé de dix personnages des plus remarquables, choisis parmi les ecclésiastiques et les séculiers, élirait le monarque, et ceux qui furent désignés à cet effet jurèrent sur les saints Evangiles de ne se laisser influencer dans ce choix par aucun motif humain, mais d'envisager le bien public et de suivre les inspirations de leur conscience.

Les électeurs s'informèrent avec un soin minutieux de la conduite de chacun des chefs, scrutèrent sa vie, et rentrèrent à cet égard dans les détails qui vous paraîtraient puérils, s'il ne se fût agi d'une chose si importante. Ils portèrent leurs investigations jusqu'à faire jurer les domestiques des princes de leur dire tout ce qui concernait les mœurs privées et les habitudes de leurs maîtres, et enfin, après toutes les informations, on proclama roi de Jérusalem, Godefroy de Bouillon, ce héros magnanime, au mérite duquel le peuple et l'armée rendirent justice.

Cette nomination provoqua un enthousiasme général parmi les Croisés, qui y virent une faveur du ciel.

Le monarque fut conduit à l'église du Saint-Sépulcre et y prêta, sur les saints Evangiles, le serment de défendre et de respecter les lois de la justice et de l'honneur. On voulut lui présenter les insignes de la royauté, mais il les refusa, en disant qu'il ne consentirait jamais à porter une couronne d'or là où le Fils de Dieu avait porté une couronne d'épines. Il ne voulut pas même prendre le titre de roi, et se contenta de celui de défenseur et de baron du Saint-Sépulcre, comme le comte de Normandie prit celui de fils de saint Georges.

Godefroy prit soin, dès les premiers jours de son règne, de rétablir le service divin sur un pied respectable. Il fonda ensuite un chapitre de chanoines dans l'église du Saint-Sépulcre, un autre dans l'église du Temple, leur assignant des revenus et des logements convenables auprès des églises. Celle du temple était la grande mosquée des Musulmans, fondée par Omar, à la place de l'ancien temple des Juifs. Elle était de forme octogone, revêtu de marbre en dehors et en dedans, et ornée de superbes mosaïques : le toit en était couvert de plomb.

Le pieux monarque fonda aussi un monastère dans la vallée de Josaphat, en faveur de plusieurs religieux qu'il avait retirés de quelques monastères recommandables par leur régularité, et qui, pendant le voyage de la Terre-Sainte, avaient fait le service divin aux heures du jour et de la nuit.

Ce ne fut que sur la fin de l'année 1099, que Daïmbert, archevêque de Pise et légat du Saint-Siége, arriva dans la Palestine. Il alla célébrer la fête de Noël à Bethléem, accompagné d'un grand nombre de Croisés et de pèlerins d'Italie De retour à Jérusalem, il s'occupa de l'élection d'un patriarche ; car quoique l'évêque de Martorane eût fait élire par sa faction le chapelain Arnoul, et l'eût intronisé par la protection du duc de Normandie, on regarde ce dernier comme un simple administrateur plutôt que comme patriarche légitime, son élection s'étant faite sans la participation du siége de Rome. Le patriarche siméon venait de mourir dans l'île de Chypre ; on regarda le patriarchat de Jérusalem comme vacant, et les seigneurs qui étaient restés dans cette ville s'assemblèrent pour y pourvoir. Après une longue délibération, ils élurent Daïmbert, le légat lui même, et l'intronisèrent ; ensuite le roi Godefroy et le prince Bohémond reçurent de lui l'investiture : l'un du royaume de Jérusalem, l'autre de la principauté d'Antioche, prétendant honorer celui dont il était le vicaire sur la terre.

Quelques marchands d'Amalfi, au royaume de Naples, et faisant le commerce dans le Levant, avaient obtenu du calife des Sarrasins la liberté de bâtir une maison à Jérusalem, pour eux et pour les Chrétiens qui viendraient visiter les Lieux Saints. Ils s'obligèrent à payer un tribut annuel au calife et à ses successeurs. Quelques temps après, ils fondèrent un hôpital pour les pèlerins, et une église, qui fut dédiée à saint Jean-Baptiste, ce qui leur fit donner le nom d'*Hospitaliers de Saint-Jean de Jérusalem*. Après son élévation au trône de David, Godefroy, voyant le bien qu'une telle institution pouvait opérer pour le bien de l'humanité, les prit sous sa protection particulière, leur accorda de grands priviléges, et seconda de tous ses efforts leur pieux zèle. Ce fut là l'origine de l'ordre célèbre connu plus tard sous le nom de *Chevaliers de Malte*, et qui rendit des services si signalés à la religion et à l'humanité dans la Méditerranée.

Les Hospitaliers se consacrèrent à Dieu par les trois vœux de chasteté, de pauvreté et d'obéissance, et bientôt l'on y vit entrer des chevaliers des premières familles européennes, qui se firent une gloire de servir les malades dans les hôpitaux. En 1104, ils ajoutèrent aux trois vœux susdits un quatrième : celui de défendre les Chrétiens qui visiteraient la Terre-Sainte contre les insultes des Sarrasins. Ce fut alors que leur ordre commença à devenir militaire. Ils prirent pour armes et pour symbole une croix à huit pointes.

La prise de Jérusalem causa la plus profonde consternation parmi les Musulman, qui regardaient cet événement comme une injure pour leur religion et une insulte faite à leur prophète Mahomet. Ils ne purent se faire à l'idée de voir cette ville importante, qu'ils appelaient *la Sainte, la Maison Sainte, la Noble*, entre les mains des chrétiens. C'était un outrage sanglant pour ces peuples fanatiques. Le Christianisme, qui avait toujours été l'objet de leur haine furibonde, devint encore beaucoup plus odieux à leurs yeux depuis le triomphe que les Chrétiens venaient de remporter sur eux. Jusqu'alors les Turcs de la Syrie et de la Perse avaient regardé le soudan d'Egypte comme l'ennemi de Mahomet, et les Egyptiens comme des transfuges de leur cause ; mais le malheur réunit ceux que la discorde avait si longtemps divisés ; leurs larmes ainsi que leur haine contre le nom chrétien se cofondirent. Ceux de Bagdad et de Damas s'adressèrent au soudan d'Egypte et le conjurèrent de se joindre à eux pour marcher de concert contre l'ennemi commun, l'écraser et lui arracher la ville sainte. Ils comptaient sur un succès d'autant plus facile, qu'ils savaient que les Croisés avaient fait des pertes considérables depuis leur arrivée en Asie, et que le nombre de leurs combattants était divisé, puisque les garnisons d'Antioche, d'Edesse et de plusieurs autres villes en absorbaient une partie. Malgré les terribles leçons que les Chrétiens leur avaient déjà données, ils ne se désespérèrent point : le fanatisme devait suppléer au courage et à l'art militaire.

Aussitôt une multitude de musulmans accoururent de toutes les contrées soumises au Coran pour se joindre aux Egyptiens, qui s'avançaient vers Ascalon. Les Turcs étaient tellement rassurés et sûrs de leur triomphe, que se fiant sur leur grand nombre, ils ne jugèrent pas même à propos de prendre les précautions usitées en pareil cas.

Dès que les chrétiens apprirent la nouvelle de la marche de l'ennemi, ils se préparèrent à la résistance. Ils ne témoignèrent pas la moindre crainte; se rendirent à l'église du Saint-Sépulcre pour se préparer au combat par la prière, ne doutant pas qu'après la grâce que Dieu leur avait faite de conquérir Jérusalem, il n'y ajoutât celle de vaincre encore cette fois les musulmans.

Au point du jour, les cloches de toutes les églises donnèrent le signal de la prière. Une touchante exhortation électrisa leurs âmes, qui furent encore fortifiées par la réception de la sainte communion. On voyait briller dans leurs yeux l'ardeur du combat : on eût dit qu'il s'agissait d'aller à une fête. Ils se revêtirent de leurs armes et sortirent en bon ordre de la ville pour aller à la rencontre de l'ennemi. Pierre l'Ermite, qui était resté à Jérusalem, réunit les femmes, les vieillards et ceux que des infirmités empêchaient de suivre l'armée, et se rendit en procession dans les églises pour y implorer les miséricordes divines sur les soldats de la croix.

Quelques prisonniers, que les chrétiens firent pendant leur marche, leur apprirent que les Turcs étaient réunis dans la plaine qui s'étendait devant Ascalon, ce qui obligea Godefroy à faire rester toute son armée sous les armes, de crainte d'être surpris par cette multitude innombrable. Les Sarrasins avaient eu recours à une ruse pour attirer les chrétiens. Ils avaient laissé paître sur les rives de la rivière de Sorec une quantité de chameaux, de vaches, de mulets, espérant tenter par là l'avidité des Croisés; mais Godefroy, qui pénétra ce dessein perfide, fit défendre sévèrement d'y toucher; et les animaux furent respectés, au grand désappointement des infidèles

Le visir Alfad, celui-là même qui avait enlevé Jérusalem aux Turcs pour la soumettre aux Egyptiens, commandait l'armée musulmane. Les chrétiens marchaient sous la conduite de Godefroy et des autres chefs qui les avaient si souvent conduits à la victoire. Plus ils avancent et plus leur courage grandit. Arrivés dans la plaine d'Ascalon, ils aperçurent les innombrables tentes des infidèles, ainsi que leurs étendards flottant au gré d'une brise assez forte. Les trompettes, les tambours, les cantiques retentissaient et enflammaient de plus en plus l'ardeur des soldats de la croix. Le troupeau qui passait sur les bords du torrent de Sorce s'ébranla tout-à-coup, attiré par le son des clairons, et marcha derrière les bataillons des chrétiens : de loin on n'aurait pris ces animaux pour des escadrons de cavalerie. Les Sarrasins crurent que les chrétiens avaient reçu des renforts d'Europe, et furent épouvantés, malgré tout ce qu'Alfald entreprit pour les détromper. Le souvenir des défaites précédentes vint les glacer d'effroi ; et ce fut à peine s'ils osèrent lever les yeux sur ces Croisés que la veille encore ils avaient méprisés et qu'ils avaient juré d'exterminer.

Ce fut dans ces dispositions que les deux armées commencèrent la bataille. Godefroy était allé se poster, avec dix mille cavaliers et trois mille fantassins, entre Ascalon et les Sarrasins, pour empêcher la garnison de cette ville de se joindre aux musulmans. Ces Éthiopiens se défendirent d'abord avec une rare intrépidité ; mais ils furent bien forcés de reculer devant les Chrétiens. Pendant que le brave Tancrède portait la terreur dans les rangs ennemis, Robert, duc de Normandie, se jeta avec sa suite sur le corps qu'Alfald commandait lui-même, et enleva le grand étendard des musulmans.

La perte de ce trophée produisit un terrible effet sur les infidèles, qui se crurent dès-lors abandonnés de leur prophète. Ce fut là le signal d'une déroute complète. Les plus intrépides prirent la fuite et furent percés à coups de flèches et de lances. En vain quelques bataillons essaient de se rallier : Godefroy accourt et les foule aux pieds de ses dix mille cavaliers. Bientôt le massacre fut si grand, que les infidèles, terrifiés par la bravoure des chrétiens, se laissèrent égorger sans coup férir.

Ceux qui avaient combattu près d'Ascalon, voyant que tout était perdu, essayent d'entrer dans cette ville : ils s'y jettent en si grand nombre, que deux mille d'entre eux sont étouffés. Alfald lui-même est sur le point d'être fait prisonnier ; il se sauve, par une fuite honteuse, abandonnant son épée. Il gagna le rivage de la mer, monta sur un des vaisseaux de la flotte qui était mouillée sur la rade d'Ascalon, et singla vers l'Egypte, maudissant les chrétiens et Mahomet, qui avait abandonné ses sectateurs.

N'ayant plus d'ennemis à combattre, les chrétiens allèrent piller le camp ennemi dans lequel ils trouvèrent des provisions si abondantes qu'ils en furent, pour ainsi dire, dégoûtés. Ils y recueillirent aussi d'immenses richesses, de sorte qu'en ce jour encore les plus pauvres devinrent riches.

Cette nouvelle démonstration des Musulmans contre les Chrétiens eut le même résultat que toutes les autres et ne servit qu'à prouver l'infériorité et l'impuissance des infidèles. La perte de cette bataille était d'autant plus facile à prévoir, que armée musulmane renfermait dans ses rangs des combattants de plusieurs peuples, n'étant unis ensemble que par les liens d'un aveugle fanatisme et peu rompus à la discipline militaire ; leur nombre devint même un obstacle entre les mains du chef suprême qui ne put et ne sut se faire obéir de trois cent mille hommes s'entre-choquant comme les flots d'une mer agitée, tandis que les chrétiens n'en avaient que vingt mille à leur opposer.

Cette victoire aurait dû avoir pour effet immédiat la reddition d'Ascalon aux croisés ; mais ce résultat ne fut pas obtenu, par la jalousie du comte de Toulouse qui voulait garder cette ville pour lui-même. Godefroy, qui la réclamait pour la réunir au royaume de Jérusalem comme un boulevard du côté de l'Orient et un port sûr où les flottes européennes auraient pu débarquer si facilement, fut obligé de s'en éloigner n'en ayant obtenu qu'un faible tribut, et les soldats abandonnant ses drapeaux sur l'instigation de Raymond et sous prétexte que leur vœu était accompli par la prise de Jérusalem; et qu'ils n'étaient plus tenus à rien.

Ce même esprit de jalousie et de discorde se manifesta encore quelques jours après au sujet de la conquête d'Arzouf que Raymond alla assiéger ; mais la garnison se défendit ; il passa outre, faisant entendre aux assiégés que le roi de Jérusalem ne pourrait rien contre eux s'ils combattaient courageusement. Godefroy, qui marcha aussi contre Arzouf, n'eut pas plutôt appris les conseils perfides que le comte de Toulouse avait donnés aux infidèles qu'il fit éclater sa colère. Il réunit ceux qui lui étaient restés fidèles et annonça qu'ils allaient punir cette félonie les armes à la main. Pour la première fois on allait donc voir les Croisés aux prises ensemble et renouveler en Asie ces scènes sanglantes dont l'Europe avait été si souvent témoin. Et à qui cette division devait-elle profiter ? C'est aux seuls ennemis du nom chrétien. L'union qui avait jusqu'alors fait la force des Croisés devait être rompue et remplacée par un funeste esprit de discorde. — Ce qui parut avoir motivé cette conduite du comte de Toulouse, ce fut le serment qu'il avait fait de ne plus retourner en Europe ; dèslors il chercha à faire un établissement en Asie et porta des yeux d'envie part ut.

Les deux rivaux étaient sur le point de se combattre, lorsque Tancrède, le duc de Normandie et le comte de Flandre parvinrent, à force de prières et d'instances, à les réconcilier et à faire tomber les armes de leurs mains. Les deux chefs cédèrent aux sollicitations des princes et s'embrassèrent devant toute l'armée, qui s'était aussi divisée en deux camps dont chacun partageait les sentiments de ses chefs.

Après s'être donné des marques d'une réconciliation sincère, les deux corps se séparèrent, et Godefroy retourna à Jérusalem. Il serait difficile de retracer l'enthousiasme que firent éclater les pèlerins à la vue de l'armée victorieuse. Une multitude d'entre eux étaient allés au devant du héros pour lui exprimer toute la joie, tout le bonheur qu'elle ressentait de le revoir. Les uns coupaient des branches d'arbres et en jonchaient la terre, d'autres faisaient retentir l'air de pieux cantiques ; le son des cloches, le bruit des trompettes, les acclamations de la foule, répétés par l'écho des montagnes, donnaient à ce triomphe un aspect si imposant que tous les yeux se remplirent de larmes.

Avant de rentrer dans son palais, le pieux Godefroy se rendit à l'église du Saint-Sépulcre, où il alla se prosterner devant le Seigneur pour lui rendre d'éclatantes actions de grâces de la faveur signalée qu'il venait d'accorder aux Croisés en leur permettant de triompher d'une armée si nombreuse. Il resta longtemps en prières et édifia singulièrement la multitude qui l'avait suivi au temple du vrai Dieu vivant. Il fit ensuite suspendre aux colonnes de l'église du Saint-Sépulcre, l'épée et le grand étendard enlevés au visir Afdal et fit distribuer des aumônes aux pauvres, ne se réservant rien du butin qu'on avait fait sur l'ennemi. Cette journée fut une des plus belles que les Croisés célébrassent dans Jérusalem, qui parut dès-lors affranchie de toute crainte de la part des musulmans.

Mais un sentiment de tristesse succéda bientôt à l'élan

de la joie. Les chefs des Croisés, qui venaient de s'acquitter de leurs vœux, ainsi que la plupart des soldats, prirent le parti de retourner en Europe. Cette annonce répandit la consternation et le deuil dans tout Jérusalem et fit couler d'abondantes larmes En vain on chercha à les engager à rester encore pour partager de nouveaux dangers ou moissonner de nouveaux lauriers ; tout fut inutile. Ils firent de touchants adieux à leurs compagnons, promettant de garder fidèlement le souvenir de leurs travaux communs et de réveiller en Europe l'ardeur des guerriers pour les décider à voler au secours de la Terre-Sainte.

Par le départ de cette troupe fidèle, Jérusalem n'eut plus pour défenseurs que trois cents chevaliers, le brave Tancrède, son roi Godefroy de Bouillon, et à peu près deux mille fantassins, sans compter les pèlerins dont une foule s'y fixa, mais qui n'étaient nullement propres à porter les armes. Les villes qui étaient au pouvoir des chrétiens étaient en très-petit nombre et séparées l'une de l'autre par des places appartenant aux infidèles, de sorte qu'on ne pouvait traverser le pays sans s'exposer aux plus grands dangers. Toute la campagne était occupée par les Sarrasins qui la parcouraient continuellement en tout sens, regardant les chrétiens comme leurs ennemis mortels, les tuant sur les chemins publics ou les réduisant à l'esclavage. Leur fureur contre les Européens alla au point qu'ils laissèrent les terres sans cultiver, ne craignant point de s'affamer eux-mêmes pour exposer les Chrétiens à mourir de faim. Les Francs ne furent pas même en sûreté dans les villes mal fermées et très-peu peuplées, car les Musulmans y pénétrèrent pendant la nuit et pillèrent les maisons dont ils tuèrent les habitants, ce qui força plusieurs de ceux-ci à les abandonner. Tel était, dans le principe, ce royaume de Jérusalem qui subsista toutefois quatre-vingt-huit ans.

Le pape Urbain II était mort le 28 juillet de la même année (1099), n'ayant pas eu la consolation d'apprendre la prise de Jérusalem par les Croisés, lui qui avait si puissamment contribué à cette grande entreprise. Quinze jours après, les cardinaux élurent, pour lui succéder, Rainier, cardinal prêtre du titre de Saint-Clément, né à Biède en Toscane, et qui avait été élevé au monastère de Cluny, en France, où il avait pris l'habit. Il avait été envoyé à Rome par son abbé pour affaire de son ordre, et le pape Grégoire VI, qui avait su reconnaître son mérite et ses vertus, le retint dans la capitale du monde chrétien et le nomma plus tard cardinal.

« Après la mort du pape Urbain II, les cardinaux, les évêques, le clergé de Rome et les principaux de la ville s'assemblèrent dans l'église de Saint-Clément, pour procéder à l'élection. Ayant proposé plusieurs sujets, on convint du cardinal Rainier, qui l'ayant appris, s'enfuit et se cacha ; mais il fut découvert et se rendit. On lui fit des reproches de sa fuite, et, malgré les protestations de son indignité, on lui déclara qu'il était élu pape, et qu'il devait se soumettre à la volonté de Dieu. Alors quelques-uns du clergé lui changeant de nom, crièrent trois fois :

» *Pascal pape, saint Pierre l'a élu !*

« A quoi l'assemblée répondit de même, ajoutant plusieurs acclamations de louanges. Ensuite on le revêtit de la chape d'écarlate rouge qui était alors un des ornements particuliers du pape, car les cardinaux ne portaient encore que le violet. On lui mit la tiare sur la tête, il monta à cheval, et fut conduit en chantant et avec une suite nombreuse au palais de Latran. Il descendit de cheval à la Porte méridionale de la basilique du Sauveur, et fut placé dans le siége qui était préparé ; puis étant monté au palais, il vint à l'endroit où étaient deux siéges d'ivoire. Là on lui mit une ceinture d'où pendaient sept clefs et sept sceaux, signifiant les sept dons du Saint-Esprit, suivant lesquels le pape doit user du pouvoir d'ouvrir et de fermer. On le fit asseoir dans l'un et l'autre siége, et on lui mit en main le bâton pastoral. C'est ainsi qu'il prit possession du palais de Latran.

» Le lendemain dimanche, quatorzième jour d'août 1099, il fut sacré à Saint-Pierre, par Odon, évêque d'Ostie, assisté de Maurice de Porto, Gauthier d'Albano, Boson de Lavici, Milon de Preneste et Othon de Népi. L'évêque d'Ostie portait le pallium en cette fonction et le remit ensuite au pape.

» Le pape Pascal II tint le Saint-Siége plus de dix-huit ans. Il célébra à Rome, en grande-paix, la fête de Noël de cette année. Il reçut des nouvelles de l'armée des Croisés, par une lettre adressée encore à son prédécesseur Urbain II, que nous allons transcrire ici. »

LETTRE

DES PRINCIPAUX CROISÉS AU PAPE URBAIN II

« Nous désirons que vous sachiez combien la miséricorde de Dieu a été grande envers nous et par quel secours tout-puissant nous avons pris Antioche ; comment les Turcs, qui avaient accablé d'outrages notre Seigneur Jésus-Christ, ont été vaincus et mis à mort, et comment nous avons vengé les injures faites à notre Dieu ; comment nous avons ensuite été assiégés par les Turcs venus de Korasan, de Jérusalem, de Damas et de plusieurs autres pays ; et comment enfin, par la protection du ciel, nous avons été délivrés d'un grand danger.

Lorsque nous eûmes pris Nicée, nous mîmes en déroute, comme vous l'avez su, une grande multitude de Turcs qui étaient venus à notre rencontre. Nous battîmes le grand Soliman, nous fîmes un butin considérable ; et, maîtres de toute la Romanie, nous vînmes assiéger Antioche. Nous eûmes beaucoup à souffrir dans ce siége, soit de la part des Turcs enfermés dans cette ville, soit de la part de ceux qui venaient secourir les assiégés. Enfin les Turcs ayant été vaincus dans tous les combats, la cause de la religion chrétienne triompha de cette manière. Moi Bohémond, après avoir fait une convention avec un certain Sarrasin qui me livrait la ville, j'appliquai des échelles aux murailles vers la fin de la nuit, et nous fûmes ainsi les maîtres de la place qui avait résisté si longtemps à Jésus-Christ. Nous tuâmes Accien, gouverneur d'Antioche, avec un grand nombre des siens, et nous eûmes en notre pouvoir leurs femmes, leurs enfants, leurs familles et tout ce qu'ils possédaient. Nous ne pûmes cependant point nous emparer de la citadelle; et lorsque nous voulûmes l'attaquer, nous vîmes arriver une multitude infinie de Turcs, dont on nous avait annoncé l'approche depuis quelque temps ; nous les vîmes se répandre dans les campagnes et couvrir la plaine. Ils nous assiégèrent le troisième jour : plus de cent d'entre eux pénétrèrent dans la citadelle et menaçaient d'envahir la ville, qui se trouvait dominée par le fort.

" Comme nous étions placés sur une colline opposée à celle sur laquelle le fort s'élevait, nous gardâmes le chemin qui conduisait dans la ville, et nous forçâmes les infidèles, après plusieurs combats, à rentrer dans la citadelle. Comme ils virent qu'ils ne pouvaient pas exécuter leur projet, ils entourèrent la place de telle manière que toute communication était interrompue, ce dont nous fûmes vivement affectés et désolés. Pressés par la faim et par toutes sortes de misères, plusieurs chrétiens tuèrent leurs chevaux et leurs ânes qu'ils menaient avec eux, et les mangèrent; mais à la fin la miséricorde de Dieu vint à notre secours ; l'apôtre André révéla à un serviteur de Dieu la lance avec laquelle Longin perça le flanc du Sauveur. Nous trouvâmes cette lance dans l'église de l'apôtre Pierre. Cette découverte et plusieurs autres divines révélations nous rendirent la force et le courage, tellement que ceux qui étaient pleins de désespoir et d'effroi furent pleins d'ardeur et d'audace, et s'exhortaient les uns les autres au combat.

» Après avoir été assiégés pendant trois semaines et quatre jours, le jour de la fête de saint Pierre et de saint Paul, pleins de confiance en Dieu, nous étant confessés de tous nos péchés, nous sortîmes de la ville en ordre de bataille. Nous étions en si petit nombre, en comparaison de l'armée des Sarrasins, que ceux-ci purent croire que nous cherchions à prendre la fuite, au lieu de les provoquer au combat.

« Ayant donc pris nos dispositions, nous attaquâmes l'ennemi partout où il paraissait en force. Aidés de la lance divine, nous les mîmes d'abord en fuite.

» Les Sarrasins, selon leur coutumes, commencèrent à se se disperser de tous côtés ; occupant les collines et les chemins, dans le dessein de nous envelopper et de détruire toute l'armée chrétienne ; mais nous avions appris à connaître leur tactique. Par la grâce et la miséricorde de Dieu, nous parvînmes à les faire réussir sur un point ; et, lorsqu'ils furent réunis, la droite de Dieu combattait avec tous ceux qui s'y trouvaient. Après les avoir vaincus et les avoir poursuivis toute la journée, nous rentrâmes, pleins de joie, dans la ville d'Antioche. La citadelle se rendit à nous. Le commandant et la plupart des siens se convertirent à la foi chrétienne.

» Ainsi notre Seigneur Jésus-Christ vit toute la ville d'Antioche rendue à sa loi et à sa religion. Mais, comme toujours quelque chose de triste se mêle aux joies de la terre, l'évêque du Puy, que vous nous aviez donné pour votre vicaire apostolique, est mort après la conquête de la ville et après une guerre où il avait acquis beaucoup de gloire.

» Maintenant vos enfants, privés du père que vous leur aviez donné, s'adressent à vous, qui êtes leur père spirituel. Nous vous prions, vous qui avez ouvert la voie que nous suivons, vous qui, par vos discours, nous avez fait quitter nos foyers et ce que nous avions de plus cher dans notre pays, qui nous avez fait prendre la croix pour suivre Jésus-Christ et glorifier son nom, nous vous conjurons d'achever votre ouvrage en venant au milieu de nous et en amenant avec vous tous ceux que vous pourrez amener. C'est dans la ville d'Antioche que le nom de Chrétien a pris son origine ; car lorsque saint Pierre fut installé dans cette église que nous voyons tous les jours, ceux qui s'appelaient Galiléens se nommèrent Chrétiens.

Qu'y a-t-il de plus juste et de plus convenable que de voir celui qui est le père et le chef de l'Eglise venir dans cette ville que l'on peut regarder comme la capitale de la chrétienté ? Venez donc nous aider à finir la guerre qui est la vôtre. Nous avons vaincu les Turcs et les Païens ; nous ne pouvons de même combattre les hérétiques, les Grecs, les Arméniens, les Syriens, les Jacobistes ; nous vous en conjurons donc, très-saint Père, nous vous en supplions avec instance, vous qui êtes le père des fidèles, venez au milieu de vos enfants ; vous qui êtes le vicaire de Pierre, venez siéger dans son église, venez former nos cœurs à la soumission et à l'obéissance ; venez détruire par votre autorité suprême et unique toutes les espèces d'hérésies; venez nous conduire dans le chemin que vous nous avez tracé et nous ouvrir les portes de l'une et l'autre Jérusalem ; venez délivrer avec nous le tombeau de Jésus-

Christ et faire prévaloir le nom de chrétien sur tous les autres noms. Si vous vous rendez à nos vœux, si vous arrivez au milieu de nous, tout le monde vous obéira. Que celui qui règne dans tous les siècles vous amène parmi nous et vous rende sensible à nos prières. »

Le pape ne pouvant point, à cause de la multiplicité des affaires de toute la chrétienté, quitter Rome pour se rendre dans la Palestine, se contenta d'écrire aux croisés pour les exhorter à persévérer et à achever l'ouvrage qu'ils avaient si glorieusement commencé, leur promettant d'employer tout son pouvoir pour leur envoyer du secours. Comme le légat Daimbeuf avait été élu patriarche de Jérusalem, il fit partir pour l'Orient Maurice, évêque de Porto, auquel il donna les pouvoirs nécessaires de régler toutes les choses qui concernaient la religion et le culte divin dans toutes les villes et églises que les Croisés venaient de délivrer du joug des infidèles et de les soumettre à leurs armes.

Cependant Godefroy de Bouillon, roi de Jérusalem, s'appliqua avec le zèle le plus louable à établir sur des bases solides le royaume qu'on venait de fonder. Il donna à ses nouveaux sujets un code de lois, publia un règlement de police, veilla sur les mœurs et donna l'exemple d'une grandeur d'âme, d'une générosité, d'une douceur, d'une modestie qui charmèrent tout le monde. Sa vertu et sa piété ne se démentirent jamais : il resta sur le trône ce qu'il avait été au milieu de ses guerriers, le modèle de toutes les vertus chrétiennes et sociales. Personne ne posséda comme lui la pénétration d'esprit, la solidité du jugement, l'intrépidité du courage, la force et les autres avantages du corps. Il avait été formé de bonne heure par son père dans les exercices de corps, tandis que sa mère lui enseigna les maximes de la religion.

Pendant la croisade, dont il fut un des principaux héros, on distinguait toujours les troupes qu'il commandait à la dicipline sévère qu'il savait maintenir parmi elles. Il avait contracté la louable habitude de commencer et de terminer toutes ses entreprises par la prière, et, si quelqu'un était tenté de croire que la piété énerve le courage, l'exemple de Godefroi serait là pour lui donner un démenti éclatant.

Un tel prince était fait pour consolider un trône naissant et pour entourer de splendeur un diadême qu'il n'avait nullement brigué ; mais le ciel en jugea autrement. Une maladie, suite des fatigues et des blessures que Godefroy avait subies et reçues, lui annonça sa fin prochaine. Le pieux monarque se prépara à la mort en héros chrétien ; et pendant cette maladie, qui dura cinq semaines, ses vertus brillèrent d'un nouvel éclat. La crainte qu'on avait de le perdre fut si grande et si générale, que tous les Chrétiens coururent aux temples demander au Seigneur la conservation de l'homme auquel parut en quelque sorte attaché le salut de tout le royaume. Au milieu de cette consternation, lui seul parut calme. S'il eût pu désirer vivre plus longtemps, c'eût été pour être encore utile aux peuples de Dieu. Quelquefois il tournait un regard langoureux vers l'endroit où s'élevait l'église du tombeau de Jésus-Christ, et poussait des soupirs, comme s'il eût prévu que cette Jérusalem, qui avait coûté tant de travaux et de sang aux Chrétiens, devait être de nouveau la proie des infidèles. Il ne cessait de recommander à ses frères d'armes, qui l'entouraient en sanglotant, l'union, la piété et la vertu, comme les seuls moyens de conserver leurs conquêtes. Sa dernière parole fut une parole de paix; il mourut dans les plus grands sentiments de piété et de résignation, le 17 juillet 1100, n'ayant régné qu'un an. On lui fit de brillantes obsèques. Il fut enterré, au milieu des larmes, à l'église du Saint-Sépulcre, où fut aussi la sépulture de ses successeurs. « Jamais, dit un savant du dernier siècle, l'antiquité fabuleuse ne s'est imaginé un héros aussi parfait que la vérité de l'histoire nous représente Godefroy de Bouillon. Sa naissance fut illustre, mais ce fut son mérite qui l'éleva au-dessus des autres, et l'on peut dire que sa grandeur fut l'ouvrage de sa vertu. »

Après la mort de Godefroy, Jérusalem fut agitée par des divisions au sujet de l'autorité suprême. Le patriarche Daïmbert prétendait que le nouveau royaume étant un fief de l'Eglise, celle-ci seule devait succéder au monarque défunt; mais les autres Croisés ne furent pas de son avis, et proposèrent la couronne à Baudoin, comte d'Edesse, frère de Godefroy, comme étant le prince le plus capable de la défendre contre les Sarrasins. Garnier, comte de Gray, qui commandait dans la ville, refusa de reconnaître le patriarche pour seigneur et de lui livrer la tour de David et la ville de Joppé; alors Daïmber écrivit à Bohémond, prince d'Antioche, la lettre suivante :

« Vous savez que vous m'avez élu, malgré moi, patriarche de Jérusalem, et je sais ce que j'y ai souffert. A peine le prince Godefroy laissait à l'Eglise ce que le patriarche avait tenu sous les Turcs, jusqu'à ce qu'il s'est reconnu et a restitué tous ses droits, se rendant vassal de Saint Sépulcre et le nôtre, et remettant en notre pouvoir la tour de David, toute la ville de Jérusalem et ce qu'il avait à Joppé.

Il avait promis tout cela publiquement à Pâques et l'a confirmé au lit de mort. Toutefois, après son décès, le comte Garnier a fortifié contre nous la tour de David et a mandé à Baudoin de venir au plus tôt s'emparer violemment des biens de l'église. Dans cette extrémité, je n'ai, après Dieu, d'espérance qu'en vous seul. Si vous avez de la piété, et si vous ne voulez pas dégénérer de la gloire de votre père, qui délivra le pape Grégoire, assiégé dans Rome, hâtez-vous de venir au secours de cette Eglise, comme vous me l'avez promis. Ecrivez donc à Baudoin pour lui défendre de venir sans votre permission, lui montrant qu'il n'est pas raisonnable d'avoir essuyé tant de travaux et de périls pour délivrer cette Eglise et la réduire à présent sous la servitude de ceux à qui elle doit commander, comme étant leur mère. Que, s'il ne veut pas se rendre à la raison, je vous conjure, par l'obéissance que vous devez à saint Pierre, de l'empêcher par tous les moyens, même par la force, si cela est nécessaire. »

Mais cette lettre ne produisit point d'effet, car Bohémond avait été pris par les Turcs quinze jours avant la mort de Godefroy, en défendant une ville de Mésopotamie. Il parvint toutefois à s'échapper des mains de l'émir qui le tenait captif, lui promettant des secours puissants pour détrôner Soliman ainsi que l'empereur grec. Il rentra ainsi dans sa principauté, que la valeur et l'activité de Tancrède avaient considérablement augmentée. Quoique l'empereur Alexis lui eût fait des présents magnifiques et lui eût donné toutes les marques apparentes de bienveillance, Bohémond continua à nourrir de vifs ressentiments contre lui. Il lui déclara donc la guerre, et annonça hautement le dessein d'aller le précipiter de son trône pour s'y asseoir à sa place. Mais il ne trouva point dans sa principauté d'Antioche assez de ressources pour exécuter ce projet gigantesque, et prit le parti de s'embarquer pour l'Europe et d'y chercher du renfort.

Ici se présente une grave difficulté. Les vaisseaux d'Alexis couvraient la Méditerranée et interceptaient tous les convois qui sortaient des ports de l'Asie pour les visiter. Bohémond, ne pouvant, à cause de sa haute taille, espérer à tromper les Grecs à l'aide d'un déguisement, eut recours à une autre ruse. Il fit répandre partout le bruit de sa mort, et réussit si bien dans ce stratagème, que ses propres soldats ajoutèrent foi à cette nouvelle. Il se coucha ensuite dans un cercueil dans lequel on avait pratiqué des trous pour lui donner la faculté de respirer ; il parvint ainsi à tromper les Grecs, traversa leur flotte, entendant les cris de joie et les chants de triomphe de ces derniers. Il arriva enfin dans son duché d'Italie, où il prit aussitôt les dispositions nécessaires pour mettre sur pied une nombreuse armée. Mais pour s'assurer d'un succès plus prompt, il parcourut successivement l'Italie, la France, et envoya même des émissaires en Espagne dans l'intention de lever des troupes dans ces Etats. Il sut dépeindre sous des couleurs si séduisantes l'expédition qu'il projetait, fit un portrait si pitoyable d'Alexis, qu'il parvint à entraîner une multitude d'aventuriers, et se vit bientôt à la tête de cinq mille hommes de cavalerie et de quarante-cinq mille hommes d'infanterie. Les Grecs, de leur côté, lui opposèrent une vive résistance, essayèrent de lui fermer les passages, mais il les força et défit ses ennemis en plusieurs rencontres. Ces premiers succès l'enhardirent ; mais il fut obligé de céder à la famine, ne s'étant point pourvu de vivres, et les Grecs ravageant tout devant son armée pour la réduire. Ces guerriers, qui n'avaient été attirés que par l'espoir du butin, manquant de tout, murmurèrent et s'écrièrent qu'on les avait engagés dans une entreprise téméraire. Ils lui annoncèrent qu'ils allaient abandonner sa cause et rentrer dans leurs foyers; ne parvenant pas à les contenter, Bohémond envoya une députation à Alexis pour entamer une négociation pour la paix. Le monarque grec s'y prêta, et la paix fut signée à des conditions moins avantageuses que Bohémond avait osé l'espérer. Celui-ci mourut bientôt après dans la Pouille où il était allé préparer une nouvelle expédition pour venger sa défaite précédente.

L'historien Anne Comnène en fait le portrait suivant :

« Sa présence éblouissait autant les yeux que sa réputation étonnait l'esprit. Sa stature surpassait d'une coudée celle des hommes les plus grands. Sa taille était mince, sa poitrine large, ses bras nerveux. Elle rappelait ces statues qui rassemblent en un même sujet des beautés que la nature réunit rarement. Ses cheveux étaient blonds et courts, son visage agréablement coloré, ses yeux bleus étaient animés par la fierté et le désir de la vengeance. Si la hauteur de son corps et l'assurance de ses regards avaient quelque chose de farouche et de terrible, sa bonne mine avait quelque chose de doux et de charmant.

La principauté d'Antioche, fondée par Bohémond, subsista, dans une suite de neuf princes, pendant cent vingt ans.

Baudouin venait d'une expédition dans l'intention de délivrer Bohémond, fait prisonnier par les Turcs, lorsque es députés, arrivés à Edesse, lui annoncèrent la mort de son frère Godefroy, et son élévation au trône de Palestine. Cette nouvelle lui arracha quelques larmes ; mais la pensée de ceindre le diadème royal l'emporta bientôt sur la douleur ; il fit les dispositions nécessaires à son départ, céda son comté à son cousin Baudoin du Bourg, et partit pour la ville sainte, accompagné d'un corps de quatorze cents hommes, pour pouvoir se défendre en cas d'attaque. Cette précaution ne fut pas inutile ; car l'émir de Damas, ayant appris le départ de Baudouin, se joignit à celui d'Emesse, et tous deux allèrent se porter le long des chemins qui bordaient la mer de Phénicie et dont le passage était très-dangereux.

Baudoin, qui prévoyait le danger auquel il était exposé en face d'un ennemi maître de la mer et de ce défilé, sut, par une tactique habile, attirer les Sarrasins dans la plaine voisine ; puis, faisant tout à coup volte-face, il tomba sur eux avec une telle impétuosité, qu'il tailla en pièces tous ceux qui osèrent accepter le combat : les autres prirent la fuite, jetant leurs armes pour échapper aux traits des Chrétiens.

Le lendemain, il traversa ce passage dangereux sans coup-férir et se dirigea sur Joppé, où il arriva le troisième jour. Les habitants de cette ville le reçurent avec tous les honneurs dus au rang qu'il allait occuper. Le bruit de son arrivée se répandit bientôt dans la Palestine ; de toutes parts on vit accourir les Chrétiens pour saluer leur nouveau monarque dont la renommée avait depuis longtemps publié la bravoure. L'entrée de Baudoin dans Jérusalem ressembla à un triomphe. Le clergé et le peuple, suivi des Grecs et des Syriens, allèrent le recevoir, enseignes déployées, portant des cierges et chantant des cantiques pour son avènement au trône de David. Le roi charma tout le monde par son affabilité et gagna les cœurs. Il n'y eut que le patriarche Daïmbert, et quelques-uns de ses partisans qui ne prirent point part à l'allégresse générale, et qui se retirèrent sur le mont Sion, sous prétexte de n'être point en sûreté dans la ville, ayant protesté contre l'élection du nouveau monarque.

Baudouin ne fit point attention à cette retraite, prit en main les rênes du gouvernement, se fit rendre un compte exact de l'état des finances pour connaître les ressources dont il pouvait disposer, et n'eut qu'à se louer des sages dispositions qu'avait prises son frère pour assurer la tranquillité de l'Etat et faire le bonheur de son peuple.

Mais comme les soins de ce petit royaume l'occupaient peu, le monarque songea à agrandir ses domaines et à étendre les frontières. Dans cette intention, il assembla ses chevaliers et leur fit part de ses projets. Tous l'approuvèrent, préférant tirer l'épée que de languir dans l'oisiveté, au sein des murs de Jérusalem. Ils allèrent donc, avec Baudoin, investir la ville d'Ascalon, que depuis longtemps ils désiraient réunir au royaume nouvellement érigé ; mais cette forteresse était défendue par une nombreuse et vaillante garnison, et les Chrétiens ne se sentant pas assez forts pour l'attaquer, renoncèrent à cette entreprise et marchèrent vers les montagnes de la Judée, où les attendait un succès plus facile.

Les habitants de ces montagnes, animés par ce sentiment de haine commun à tous les Sarrasins, avaient été singulièrement irrités de voir les Chrétiens en possession de Jérusalem ; ne pouvant les attaquer à main armée, ils allèrent attendre les pèlerins qui visitaient la mer Morte, le Jourdain et les autres contrées sanctifiées par la présence de l'Homme-Dieu, les rançonnèrent et les maltraitèrent de la manière la plus révoltante. En apprenant la marche des chevaliers et de Baudoin, ils emportèrent tout ce qui pouvait tenter leur cupidité et se retirèrent dans les nombreuses grottes formées par ces montagnes, dans l'espérance d'échapper à leurs vainqueurs. Mais ceux-ci employèrent une ruse pour les faire sortir. On promit des récompenses à plusieurs d'entre eux, qui sortirent en effet de leurs retraites; mais au lieu de récompenses ils ne trouvèrent que la mort. Les autres furent d'abord bloqués; mais comme ils ne voulurent point se rendre, on amassa des bruyères et des herbes desséchées au soleil qu'on plaça à l'entrée de ces cavernes et auxquelles on mit le feu, ce qui força ces malheureux à demander grâce aux Chrétiens.

Cette expédition n'eut point de résultat, quoique Baudoin se fût avancé avec les siens jusqu'en Arabie; comme il ne se présenta point d'ennemis à combattre, il n'y eut point de gloire à moissonner. Après une excursion qui ne fournit point de détails à l'histoire, le monarque retourna à Jérusalem, où il se réconcilia avec le patriarche Daïmbert, pour mettre un terme à une scission qui aurait pu avoir des suites funestes, et pour se faire couronner selon l'usage pratiqué dans les pays occidentaux.

Pour donner plus de pompe à cette cérémonie, Baudoin demanda qu'elle eût lieu à Bethléem, dans l'église où était renfermée la grotte dans laquelle naquit le Sauveur des hommes. Il choisit même le jour de la naissance de Jésus-Christ, et s'y rendit avec un brillant cortége. Le patriarche fit couler sur son front l'onction sainte et le couronna avec tout l'appareil usité en pareil cas, sans que personne ne songeât à rapprocher de cette conduite l'humilité de Godefroi, refusant le diadème. Cette cérémonie devait du moins consoler le cœur du nouveau monarque dont la royauté, loin d'être un sujet d'ambition, n'imposait que des sacrifices nullement faits pour flatter la vanité des grands.

Baudoin fit sans doute d'heureux efforts pour relever son trône. Il fit rendre prompte justice à tous ses sujets et mettre en vigueur les assises de Jérusalem. Il eut une cour, un conseil où il alla s'asseoir pour écouter les plaintes qui lui étaient adressées ; mais cela ne put empêcher son trône de se miner lentement, n'étant point assis sur des fondements assez solides pour braver le cours des siècles.

VIE ET MŒURS DES CHEVALIERS

Les sujets qui parlent le plus à l'imagination ne sont pas les plus faciles à peindre, soit qu'ils aient dans leur ensemble un certain vague plus charmant que les descriptions qu'on en peut faire, soit que l'esprit du lecteur aille toujours au-delà de vos tableaux. Un seul mot de *chevalerie*, le seul nom d'un illustre *chevalier*, est proprement une merveille que les détails les plus intéressants ne peuvent surpasser ; tout est là-dedans, depuis les chevaliers de la Table Ronde, jusqu'aux exploits des véritables paladins, depuis les palais d'Alcine et d'Armide jusqu'aux tourelles de Dœuvre et d'Anet.

Il n'est guère possible de parler, même historiquement, de la chevalerie, sans avoir recours aux Troubadours qui l'ont chantée, comme on s'appuie de l'autorité d'Homère, en ce qui concerne les anciens héros : c'est ce que les critiques les plus sévères ont reconnu. Mais alors on a l'air de ne s'occuper que de fonctions. Nous sommes accoutumés à une vérité si stérile, que tout ce qui n'a pas la même sécheresse nous paraît mensonge : comme ces peuples nés dans les glaces du pôle, nous préférons nos tristes déserts à ces champs où

> La terra molle, e lieta, e dilettosa.
> Simili a se gli abitator produce. (*Tas.*, c. I.)

L'éducation du chevalier commençait à l'âge de sept ans. Duguesclin, encore enfant, s'amusait, dans les avenues du château de son père, à représenter des siéges et des combats avec de petits paysans de son âge. On le voyait courir dans les bois, lutter contre les vents, sauter de larges fossés, escalader les ormes et les chênes, et déjà montrer, dans les landes de la Bretagne, le héros qui devait sauver la France.

Bientôt on passait à l'office de page ou de *damoiseau*, dans le château de quelque baron. Le page poursuivait les mâles exercice qui lui ouvraient la route de l'honneur. Sur un coursier indompté, il lançait, dans l'épaisseur des bois, les bêtes sauvages, ou rappelant le faucon du haut des cieux, il forçait le tyran des airs à venir, timide et soumis, se poser sur sa main assurée. Tantôt, comme Achille enfant, il faisait voler des chevaux sur la plaine, s'élançant de l'un à l'autre, d'un saut franchissant leur croupe ou s'asseyant sur leur dos ; tantôt il montait tout armé jusqu'au haut d'une tremblante échelle, et se croyait déjà sur la brèche, criant : *Montjoie et Saint-Denys* ! Dans la cour de son baron, il recevait les instructions et les exemples propres à former sa vie. Là se rendaient sans cesse des chevaliers connus ou inconnus, qui s'étaient voués à des aventures périlleuses, qui revenaient seuls des royaumes du Cathay, des confins de l'Asie, et de tous ces lieux incroyables où ils redressaient les torts, et combattaient les infidèles.

« On voit, dit Froissard, parlant de la maison du duc
» de Fox, on voit en la salle, en la chambre, en la cour
» chevaliers et écuyers d'honneur aller et marcher, et

» les oyait-on parler d'armes et de tournois; tout hon-
» neur était là-dedans trouvé; toute nouvelle, de quelque
» pays ne de quelque royaume que ce fust, là-dedans on
» y apprenait, car de tous pays, pour la vaillance du sei-
» gneur, elles y venaient. »

Au sortir de page, on devenait écuyer, et la religion présidait toujours à ces changements. De puissants parrains promettaient à l'autel, pour le héros futur, foi et religion. Le service de l'écuyer consistait, en paix, à trancher à table, à servir lui-même les viandes, comme les guerriers d'Homère, à donner à laver aux convives. Les plus grands seigneurs ne rougissaient point de remplir ces offices. « A une table devant le roi, dit le sire de Joinville, mangeait
» le roi de Navarre, qui moult était paré et aourné de drap
» d'or en cotte et mantel; la ceinture, le fermail et cha-
» pelle d'or fin, devant lequel je tranchais. »

L'écuyer suivait le chevalier à la guerre, portait sa lance, et son heaume élevé sur le pommeau de la selle, et conduisait ses chevaux, en les tenant par la droite. « Quand il entra dans la forest, il rencontra quatre
» écuyers, qui menaient quatre blancs destriers en
» dextre. » Son devoir, dans les duels et les batailles, était de fournir des armes à son chevalier, de le relever quand il était abattu, de lui donner un cheval frais, de

parer les coups qu'on lui portait, mais sans pouvoir combattre lui-même.

Enfin, lorsqu'il ne manquait plus rien aux qualités du *poursuivant d'armes*, il était admis aux honneurs de la chevalerie. Les lices d'un tournois, un champ de bataille, le fossé d'un château, la brèche d'une tour, étaient souvent le théâtre honorable où se conférait l'ordre des vaillants et des preux. Dans le tumulte d'une mêlée, de braves écuyers tombaient aux genoux du roi ou du général qui les créait chevaliers, en leur frappant sur l'épaule trois coups de plats de son épée. Lorsque Bayard eut conféré la chevalerie à François Ier : « Tu est bien heureuse, » dit-il en s'adressant à son épée, d'avoir aujourd'hui, à » un si beau et si puissant roi, donné l'ordre de la che- » valerie ; certes, ma bonne espée, vous serez comme reli- » que gardée, et sur toute autre honorée. » Et puis ajouta l'historien « fit deux saults, et après remit en four- » reau son espée. »

L'honneur de ces chevaliers allait quelquefois jusqu'à cet excès de vertu qu'on admire et qu'on déteste dans les premiers Romains. Quand la reine Marguerite, femme de saint Louis, apprit à Damiette, où elle était près d'accoucher, la défaite de l'armée chrétienne, et la prise du roi son époux, « elle fit vuidier hors toute sa chambre,

7.

» dit Joinville, fors que le chevalier (un chevalier âgé de
« quatre-vingts ans), et s'agenouilla devant li, et elle
» requist un don : et le chevalier li otria par son sere-
» men ; et elle li dit · *Je vous demande, fist-elle, par la
» foy que vous m'avez baillée, que se les Sarrazins
» prennent ceste ville, que vous me copez la tête avant
» qu'ils me preignent.* Et le chevalier respondit : *Soiés
» certeinne que je le ferai volontiers, car je l'avoie jà bien
« enpensé que vous occiraie avant qu'ils nous eussent
» prins.* » (Edit. de Caperonnier, p. 84.)

Les entreprises solitaires servaient au chevalier comme d'échelons pour arriver au plus haut degré de gloire. Averti par les ménestriers des tournois qui se préparaient au gentil pays de France, il se rendait aussitôt au rendez-vous des braves. Déjà les lices sont préparées ; déjà les dames sont placées sur des échafauds élevés en forme de tours.

Tout a coup un cri s'élève : « *Honneur aux fils des* » *Preux !* » Les fanfares sonnent, les barrières s'abaissent. Cent chevaliers s'élancent des deux extrémités de la lice. et se rencontrent au milieu. Les lances volent en éclat ; front contre front, les chevaux se heurtent et tombent. Heureux le héros qui, ménageant ses coups, et ne frappant en loyal chevalier que de la ceinture à l'épaule, a renversé, sans le blesser, son adversaire. Cependant des hérauts crient au chevalier : *Souviens-toi de qui tu es le fils, et ne forligne pas !* Joûtes, castilles, pas d'armes, combats à la foule, font tour à tour briller la vaillance, la force et l'adresse des combattants. Mille cris, mêlés au fracas des armes, montent jusqu'aux cieux.

A ces fêtes, se montrait, dans tout son éclat, la courtoisie de la Trémouille, de Boucicaut, de Bayard, de qui les hauts faits ont rendu probables les exploits des Perceforest, des Lancelot, et des Gandifer. Il en coûtait cher aux chevaliers étrangers, pour oser s'attaquer aux chevaliers de France. Pendant les guerres du règne de Charles VI, Sampi et Boucicaut soutinrent seuls les défis que les vainqueurs leur portaient de toutes parts, et joignant la générosité à la valeur, ils rendaient les chevaux et les armes aux téméraires qui les avaient appelés en champ clos.

Le roi voulait empêcher ses chevaliers de *relever le gant*, et de ressentir ces insultes particulières. Mais ils lui dirent : « Sire, l'honneur de la France est si naturellement » cher à ses enfants, que si le diable lui-même sortoit de » l'enfer pour un défi de valeur, il se trouveroit des gens » pour le combattre.

Et en ce temps aussi, dit un historien, étoient che-

» valiers d'Espagne et de Portugal, dont trois de Portugal
» bien renommés de chevalerie, prindrent, par je ne sais
» quelle folle entreprise, champ de bataille encontre trois
» chevaliers de France; mais en bonne vérité de Dieu, ils
» ne mirent pas tant de temps à aller de la porte Saint-
» Martin à la porte Saint-Antoine à cheval, que les Portu-
» gallois ne fussent déconfits par les trois François. »

Les seuls champions qui pussent tenir devant les chevaliers de France étaient les chevaliers d'Angleterre, et ils avaient de plus pour eux la fortune ; car nous nous déchirions alors de nos propres mains. La bataille de Poitiers, si funeste à la France, fut encore honorable à la chevalerie. Le prince Noir, qui ne voulut jamais, par respect, s'asseoir à la table du roi Jean, son prisonnier, lui dit :
« Il m'est advis que avez grand raison de vous éliesser,
» combien que la journée ne soit tournée à votre gré ; car
» vous avez aujourd'hui conquis le haut nom de prouesse,
» et avez passé aujourd'hy tous les mieux faisants votre
» côté : je ne le die mie, cher sire, pour vous louer, car
» tous ceux de nostre partie qui ont veu les uns et les
» autres, se sont par pleine conscience, à ce accordez, et
» vous en donnent le prix et chapelet. »

Le chevalier de Ribaumont, dans une action qui se passait aux portes de Calais, abattit deux fois à ses genoux

Edouard III, roi d'Angleterre ; mais le monarque se relevant toujours, força enfin Ribaumont à lui rendre son épée. Les Anglais étant demeurés vainqueurs, rentrèrent dans la ville avec leurs prisonniers. Edouard, accompagné du prince de Galles, donna un grand repas aux chevaliers français, et s'approchant de Ribaumont, il lui dit « Vous » êtes le chevalier du monde que je visse oncques plus » vaillamment assaillir ses ennemis. A donc print le roi son chapelet (chapeau) qu'il portait sur son chef (qui était bon » et riche), et le remit sur le chef de monseigneur Eusta- » che, et dit : Monseignur Eustache, je vous donne ce cha- » pelet pour le mieux combattant » de la journée. Si vous » quitte votre prison, et vous en pouvez partir demain » s'il vous plaist. »

Jeanne d'Arc ranima l'esprit de la chevalerie en France; on prétend que son bras était armé de la fameuse *joyeuse* de Charlemagne, qu'elle avait retrouvée dans l'église de Sainte-Catherine-de-Fierbois, en Touraine.

Si donc nous fûmes quelquefois abandonnés de la fortune, le courage ne nous manqua jamais. Henri IV, à la bataille d'Ivry, criait à ses gens qui pliaient : « Tournez la » tête, si ce n'est pour combattre, du moins pour me voir » mourir. » Nos guerriers ont toujours pu dire, dans leur défaite, ce mot qui fut inspiré par le génie de la nation au dernier chevalier français à Pavie : « Tout est perdu fors l'honneur. »

Tant de vertu et de vaillance méritaient bien d'être honorées. Si le héros recevait la mort dans les champs de la patrie, la chevalerie en deuil lui faisait d'illustres funérailles : s'il succombait au contraire dans les entreprises lointaines; s'il ne lui restait aucun frère d'armes, aucun écuyer pour prendre soin de sa sépulture, le ciel lui envoyait pour l'ensevelir quelqu'un de ces solitaires qui habitaient alors dans les déserts et qui,

> ... Su'l Libano spesso, o su'l Carmelo
> In aera magion fan dimoranza.

C'est ce qui a fourni au Tasse son épisode de Suenon; tous les jours un solitaire de la Thébaïde, ou un ermite du Liban, recueillait les cendres de quelque chevalier massacré par les infidèles : le chantre de Solyme ne fait que prêter à la vérité le langage des muses.

« Soudain, de ce beau globe, ou de ce soleil de la nuit,
» je vis descendre un rayon qui, s'allongeant comme un
» trait d'or, vint toucher le corps du héros. . . . . .
» . . . .
» Le guerrier n'était point prosterné dans la poudre;
» mais de même qu'autrefois tous ses désirs tendaient aux

» régions étoilées, son visage était tourné vers le ciel,
» comme le lieu de son unique espérance. Sa main droite
» était fermée, son bras raccourci ; il serrait le fer, dans
» l'attitude d'un homme qui va frapper : son autre main,
» d'une manière humble et pieuse, reposait sur sa poi-
» trine, et semblait demander pardon à Dieu. . . . .
» . . . .

» Bientôt un nouveau miracle vient attirer mes re-
» gards.

» Dans l'endroit où mon maître gisait étendu, s'élève
» tout à coup un grand sépulcre, qui, sortant du sein de
» la terre, embrasse le corps du jeune prince, et se
» referme sur lui.

» Une courte inscriptions rappelle au voyageur le nom
» et les vertus du héros. Je ne pouvais arracher mes yeux
» de ce monument, et je contemplais tour à tour et les
» caractères et le marbre funèbre.

» Ici, dit le vieillard, le corps de ton général reposera
» auprès de ces fidèles amis, tandis que leurs âmes heu-
» reuses jouiront, en s'aimant dans les cieux, d'une gloire
» et d'un bonheur éternels. »

Mais le chevalier, qui avait formé dans sa jeunesse ces
liens héroïques qui ne se brisaient pas même avec la vie,
n'avait point à craindre de mourir seul dans les déserts ;

au défaut des miracles du ciel, ceux de l'amitié le suivaient. Constamment accompagné de *son frère d'armes*, il trouvait en lui des mains guerrières pour creuser sa tombe, et un bras pour le venger. Ces unions étaient confirmées par les plus redoutables serments ; quelquefois les deux amis se faisaient tirer du sang, et le mêlaient dans la même coupe ; ils portaient, pour gage de leur foi mutuelle, ou un cœur d'or, ou une chaîne, ou un anneau.

Une chose néanmoins pouvait dissoudre ces nœuds, c'était l'inimitié des patries. Deux frères d'armes, de diverses nations, cessaient d'être unis dès que leurs pays ne l'étaient plus. Hue de Carvalay, chevalier anglais, avait été l'ami de Bertrand Duguesclin : lorsque le prince Noir eut déclaré la guerre au roi Henri de Castille, Hue fut obligé de se séparer de Bertrand ; il vint lui faire ses adieux, et lui dit :

« Gentil sire, il nous convient de partir. Nous avons été
» ensemble par bonne compagnie, et avons toujours eu
» du vôtre à nôtre (de l'argent en commun), si pense bien
» que j'ai plus reçu que vous, et pour ce que vous prie que
» nous en comptions ensemble. . . . .

» Si, dit Bertrand, ce n'est qu'un sermon, je n'ai point pensé à ce compte... il n'y a que du bien faire : raison
» donne que vous suiviez votre maître. Ainsi le doit faire

» tout preud'homme : bonne amour fît l'amour de nous,
« et aussi en sera la départie, dont me poise qu'il me con-
» vient qu'elle soit. Lors le baisa Bertrand et tous ses com-
« pagnons aussi : moult fut piteuse la départie. »

Ce désintéressement des chevaliers, cette élévation d'âme, qui mérita à quelques-uns le glorieux nom de *sans reproche*, couronne le tableau de leurs vertus chrétiennes. Ce même Duguesclin, la fleur et l'honneur de la chevalerie, étant prisonnier du prince Noir, égala la magnanimité de Porus entre les mains d'Alexandre. Le prince l'ayant rendu maître de sa rançon, Bertrand la porta à une somme excessive. « Où prendrez-vous tout cet or? dit le héros anglais étonné : « Chez mes amis, repartit le fier conné-
» table : il n'y a pas de *fileresse* en France qui ne filât sa
» quenouille pour me tirer de vos mains. »

La reine d'Angleterre, touchée des vertus de Duguesclin, fut la première à donner une grosse somme pour hâter la liberté du plus redoutable ennemi de sa patrie. « Ah! Madame, s'écria le chevalier breton, en se jetant à
» ses pieds, j'avais cru jusqu'ici estre le plus laid homme
» de France, mais je commence à n'avoir pas si mauvaise
» opinion de moi, puisque les dames me font de tels pré-
» sents. »

PIERRE L'ERMITE

PIERRE, dit *l'Ermite,* gentilhomme français d'Amiens en Picardie, quitta la profession des armes, pour embrasser la vie érémétique, et ensuite celle-ci pour la vie de pèlerin. Il fit un voyage dans la Terre-Sainte, vers l'an 1095. Touché de l'état déplorable où étaient réduits les chrétiens, il en parla à son retour d'une manière si vive au pape Urbain II, et fit des tableaux si touchants, que ce pape l'envoya de province en province exciter les princes à délivrer les fidèles de l'oppression. C'est l'occasion et l'origine de la première croisade. Il faut être bien affermi dans l'insensibilité philosophique, pour prétendre que les chrétiens eussent dû abandonner leurs frères, et céder l'empire des Constantin et des Théodose à des usurpateurs, des tyrans sanguinaires ; ou afficher une injustice étrange en condamnant ces expéditions sur le peu de succès qu'elles eurent. Nous avons déjà observé d'après un ancien, que cette manière de juger était propre aux insensés.

D'abord les philosophes, pour déguiser leur haine contre tout ce qui tient à la religion, sous le voile de l'amour du bien public, ont prétendu que les croisades avaient eu des conséquences funestes à l'Europe entière. Cette imagination n'a point tardé à s'évanouir. Ils connaissent aujourd'hui qu'il en résulte de grands avantages : que la navigation et le commerce durent leurs principaux progrès, ou pour mieux dire, leur création, et leur véritable existence, à ces transmigrations perpétuelles des Occidentaux vers l'Orient ; que les arts repassèrent en Europe ; que les guerres particulières et les hostilités intestines qui déchiraient le sein d'un même état, furent abolies, etc. ; mais ils prétendent que ces avantages ont été des suites accidentelles et n'existaient pas dans l'intention des croisés. Plaisante manière de raisonner, et qui prouve bien la tortuosité du mensonge! Est-ce la chose ou l'intention qu'il s'agit ici de juger? et si la chose est bonne et utile, quel droit ai je de prononcer qu'elle n'a point été telle dans les vues de celui qui l'a procurée? Le grand effet des croisades n'a certainement pas échappé aux chefs de ces expéditions lointaines. Ils savaient très-bien que le moyen le plus efficace de garantir l'Europe de la fureur mahométane, était de porter la guerre en Asie.

Pierre paraissait peu propre, au premier abord, à conduire une affaire si importante. C'était un petit homme, d'une physionomie peu agréable. Il portait une longue barbe et un habit fort grossier; mais sous cet extérieur humble, il cachait un grand cœur, du feu, de l'éloquence, de l'enthousiasme : c'était un homme d'un courage héroïque, d'un esprit élevé, d'une vivacité et d'une énergie de sentiment qui faisaient passer ses propres affections, d'une manière irrésistible, dans l'âme de tous de ceux à qui il parlait. Sa vie pauvre et très-austère lui conférait un degré nouveau d'autorité. Il distribuait ce qu'on lui donnait de meilleur, ne mangeait que du pain, ne buvait que de l'eau; mais sans affectation, et avec la piété judicieuse qui convenait à un génie de cet ordre. Il eut bientôt à sa suite l'an 1199. Après la prise de cette ville, le nouveau patriarche le fit son vicaire-général en son absence, pendant qu'il accompagna Godefroy de Bouillon, qui allait au-devant du soudan d'Egypte, pour lui livrer bataille auprès d'Ascalon. Il mourut dans l'abbaye de Neu-Moûtier, près de Huy, dont il était fondateur. Son tombeau, qui était dans une grotte sous la tour, a été comblé dans ces dernières années, lorsqu'on a réparé l'église, sans qu'on ait seulement songé à conserver la pierre sépulcrale avec l'épitaphe de cet homme illustre ; son corps a été transporté dans la sacristie, où on le voit dans une urne de bois.

LIMOGES. — BARBOU FRÈRES, IMPRIMEURS-LIBRAIRES.

une foule innombrable. Godefroy de Bouillon, chef de la partie la plus brillante de la croisade, lui confia l'autre. L'ermite guerrier se mit à leur tête, vêtu d'une longue tunique de grosse laine, sans ceinture, les pieds nus, avec un grand froc et un petit manteau d'ermite. Il divisa son armée en deux parties ; il donna la première à Gauthier, pauvre gentilhomme de ses amis, et conduisit l'autre. Ce solitaire commandait quarante mille hommes d'infanterie, et une nombreuse cavalerie. Cette multitude indisciplinée fut défaite en plusieurs combats par les Turcs, et il ne resta que 3,000 hommes, qui se réfugièrent à Constantinople.

Pierre se joignit ensuite à Godefroy de Bouillon et aux autres chefs des Croisés. Se trouvant en 1097 au siége d'Antioche, qui traînait en longueur, et, réfléchissant sur le peu de succès qu'il avait eu dans la conduite d'une armée, tandis qu'il en avait eu un si grand et si prompt à former la croisade, crut qu'il avait rempli la tâche que la Providence lui avait marquée, et que ce serait prendre le change que de continuer l'emploi de général ; il résolut de se retirer ; mais Tancrède, prévoyant l'effet que ce départ aurait sur l'esprit des Croisés, lui fit faire le serment de n'abandonner jamais une entreprise dont il était le premier auteur. Il signala son zèle par la conquête de la Terre-Sainte, et fit des merveilles au siége de Jérusalem,

www.ingramcontent.com/pod-product-compliance
Lightning Source LLC
Chambersburg PA
CBHW060204100426
42744CB00007B/1155